Elfriede Mosenthin

Tagebuch einer Nachtschwester

Elfriede Mosenthin

Tagebuch einer Nachtschwester

rosenheimer

2. Auflage 2001

Sonderausgabe

Titel der Originalausgabe: »Nachtschwester auf der Endstation«

Titelfoto: Mauritius Die Bildagentur GmbH/Grasser
Satz: H. Mühlberger GmbH, Augsburg
Druck und Bindung: Wiener Verlag, Himberg
Printed in Austria

ISBN 3-475-53070-8

1

Seit einer Viertelstunde saß ich im Alten- und Pflegeheim St. Marien. Ausgerechnet ich, die sich vor Sterbenden und Toten ängstigte, hatte mich beworben. Und das, obwohl mir gesagt worden war, daß ich nachts die einzige Schwester im ganzen Haus sein würde.

Ich überlegte, was mich eigentlich dazu veranlaßt hatte. Hansi, mein Jüngster, hatte erst kürzlich, während ich arbeiten war, einen Autoreifen zerstochen. Warum? Bloß weil es so schön »schsch« machte. Es war mir schon längere Zeit klar, daß man als Mutter von sechs Kindern nicht schon von vierzehn Uhr an arbeiten durfte. Meine vier Mädchen und die zwei Buben waren zwar lieb und fromm, solange ich zu Hause war, aber wehe, wenn ich das Haus verließ. Doch Geld verdienen mußte ich. Also hatte ich mich entschlossen, einen Nachtdienst anzunehmen, sobald sich einer bieten würde.

Ich verbarg meine Angst, als Schwester Anna, die Heimleiterin, eintrat. Sie begrüßte mich freundlich: »Nun, Schwester Elfriede, haben Sie sich entschlossen, bei uns anzufangen?« – »Zunächst einmal möchte ich mir die Station und auch die Patienten anschauen. Im übrigen bin ich mir nicht sicher, ob ich den Anforderungen der Altenpflege gewachsen bin, denn wie ich Ihnen bereits am Telefon sagte, habe ich in einer Arztpraxis gelernt«, erwiderte ich schüchtern. »Ja, ja, ich weiß«, antwortete Schwester Anna, »ich habe es auch bereits unserem Herrn Direktor mitgeteilt. Seine Antwort war: ›Wenn die Frau sechs Kinder hintereinander aufgezogen hat, dann wird es ihr auch nicht schwerfallen, in der Altenpflege zu arbeiten.‹ Aber wir werden uns jetzt erst einmal alles ansehen«, lenkte Schwester Anna ab. »Die Zeit ist günstig, die Patienten werden gerade beim Kaffeetrinken sein. Und Besucher haben wir um diese Zeit auch noch nicht viele.«

Schwester Anna gefiel mir. Sie hatte ein freundliches Lächeln, ihre Stimme war angenehm.

Mir fiel auf, daß wir durch zwei Häuser gingen. »Das sind die beiden Altenheime«, erklärte Schwester Anna. »Die müssen Sie mitbetreuen. Aber es wird dort nur in Notfällen geläutet. Die alten Leute wissen, daß wir nur eine Nachtschwester haben und sind deshalb rücksichtsvoll.« Ich stellte mir vor, wie es wohl sein würde, wenn ich nachts durch die langen Gänge eilen mußte, um in eines der Altenheime zu gelangen.

Das Pflegeheim roch nach Sauberkeit und Hygiene. Es gab eine erste und eine zweite Etage, Station eins und zwei. Jede Pflegestation hatte vier Vierbettzimmer, vier Zweibettzimmer, ein Einzelzimmer und ein Sterbezimmer. Alle Betten waren belegt. Etwa zehn Patienten, so Schwester Anna, stünden bereits auf der Warteliste. Die warten also schon, bis jemand stirbt, dachte ich.

Wir betraten das erste Vierbettzimmer. Zwei alte Damen saßen in ihren Betten und tranken Kaffee. Die anderen beiden Betten waren leer. »Wo sind die beiden denn?« fragte ich. Schwester Anna schob mich zur Balkontür hinaus. Da saßen sie in ihren Rollstühlen und sonnten sich. Sie lächelten zwar, sagten aber nichts. »Sie sind beide sklerotisch«, erklärte Schwester Anna leise. »Die anderen beiden auch?« Schwester Anna nickte: »Hoffentlich haben Sie ein wenig Humor, denn in diesem Zimmer werden die Schwestern oft von den alten Damen geschimpft. Aber meistens reden sie nur zusammenhangloses Zeug, aus dem man nicht schlau wird.«

Über zu wenig Humor kann ich micht nicht beklagen. Im Gegenteil. Ich lache gern und viel, leider oft auch dann, wenn es gar nichts zu lachen gibt, was mich manchmal in peinliche Situationen bringt.

Schwester Anna hatte bereits die Tür zu einem Zweibettzimmer geöffnet. »Grüß Gott«, rief uns die Dame im ersten Bett entgegen. »Grüß Gott, Bärbelchen«, erwiderte Schwester Anna freundlich. »Na, wie geht es denn heute?« – »Fragen Sie nicht. Die Kopfschmerzen sind heute besonders schlimm«, klagte die etwa vierzigjährige, gut genährte Dame.

Schwester Anna versuchte zu trösten: »Kein Wunder, heute haben wir Föhn. Aber es gibt ja gleich die Medikamente für die Nacht. Da wird es sicher etwas leichter!« – »Ach, die helfen ja auch nur kurze Zeit«, entgegnete das Bärbelchen resigniert. »Gut, ich werde es Ihrem Arzt sagen, vielleicht sollten wir einmal das Medikament wechseln.« Schwester Anne machte sich eine kurze Notiz.

Inzwischen hatte ich schon zum nächsten Bett hinübergeschaut. Ein winziges Gesicht, in dem es nur Augen zu geben schien, schaute mir da entgegen. Unangenehmer Geruch drang in meine Nase. Die Knie schauten oben zur Bettdecke heraus. Schwester Anna deckte das Bett auf: »Frau Hertrich, das ist unsere neue Nachtschwester. Ich möchte ihr gerne zeigen, wie Ihre Wunden zu behandeln sind.« Frau Hertrich nickte nur, zum Sprechen war sie wohl schon zu schwach. Die Frau hatte Multiple Sklerose. Die Krankheit hatte ihren Körper so abgebogen, daß die Knie bereits an die Brust stießen. Der Rücken war durch die unangenehme Lage total offen. Die Wunden waren so groß, daß eine Hand hineinpaßte. Fünf Jahre war Frau Hertrich bereits bettlägerig. Schwester Anna erzählte mir von Mirfulanspray. Ich hörte gar nicht mehr zu. Ich konnte diese qualvoll aufgerissenen Augen nicht ertragen. »Durst habe ich«, hörte ich eine piepsige Stimme sagen. Sie kann also doch noch reden, dachte ich, griff nach der Schnabeltasse, die auf ihrem Nachtkästchen stand, und ließ sie trinken.

Schwester Anna schaute mich besorgt an. Vermutlich gefiel ich ihr nicht besonders, denn sie schob mich zur Tür hinaus. »Ist Ihnen nicht wohl?« fragte sie. »Ach, es geht schon wieder.« – »Das verstehe ich. Multiple Sklerose ist eine fürchterliche Krankheit. Wir wünschen es Frau Hertrich alle, daß sie bald erlöst wird. Leider gibt es für dieses Leiden noch kein Heilmittel. Oft erkranken schon sehr junge Leute daran. Auch Frauen nach der Entbindung – da haben wir schon traurige Schicksale erlebt.«

»Was fehlt eigentlich dem Bärbelchen?« wollte ich wissen. »Gehirntumor. Nicht mehr zu operieren. Wir müssen damit rechnen, daß sie entweder einmal schnell stirbt oder aber tobsüchtig wird.« Ich schaute Schwester Anna entsetzt an. »Ja, ja«, nickte sie, »das ist der Nachteil in unserem Haus. Wir haben lauter abgeschlossene Krankheitsfälle, bei uns wird niemand mehr entlassen. Alle werden hinausgetragen. Das ist auch einer der Gründe, warum unser Herr Direktor lieber etwas ältere Schwestern einstellt. Die jungen verkraften dieses Elend noch nicht, die psychische Belastung ist zu groß.«

Ich wollte noch etwas sagen, aber Schwester Anna hatte bereits die Tür zum nächsten Zimmer geöffnet. Ein Vierbettzimmer, mit Herren belegt. Ein Hüne von einem Mann kam auf mich zu und sagte in einem ostpreußischen Dialekt: »Freileinchen, hol'n Se mal glech de Polizei, ich habe Leis und Fleh und keen Mensch hilft mir hier!« Um seine Worte zu bekräftigen, kratzte er sich überall. »Schau'n Se mal her, iberall beißt's mich.« Herr Maas, so hieß der alte Herr, litt an starkem Juckreiz, und weil er auch sklerotisch war, glaubte er, Ungeziefer zu haben. Seine Gesten waren so komisch, daß ich lachen mußte.

Plötzlich erblickte ich ein bekanntes Gesicht. Ich

schaute noch einmal genau hin. Ja, das mußte Herr Furtner sein, ein ehemaliger Arbeitgeber meines Mannes. Wie kam denn er hierher? Er war doch gar nicht krank? Auch jetzt machte er einen gesunden Eindruck, nur wirkte er unendlich traurig. »Ja, grüß Sie Gott, Herr Furtner! Was machen denn Sie hier?« Schwester Anna schaute mich erstaunt an. »Herr Furtner war der Lehrmeister meines Mannes«, erklärte ich.

Jetzt hatte er mich erkannt. »Wenn Sie wissen wollen, wie ich hierher komme, dann müssen Sie meine Schwiegertochter fragen«, sagte er. Um seine Mundwinkel zuckte es. »Sie wissen doch, ich hatte nur einen Sohn, und der ist vor eineinhalb Jahren tödlich verunglückt. Vor kurzem hat meine Schwiegertochter wieder geheiratet, und ihr Mann will mich nicht länger im Haus haben. Also bin ich hier gelandet. Da, schau'n Sie mal her!« Er deutete auf eine Fotografie auf seinem Nachtkästchen. Zwei reizende Kinder waren darauf zu sehen. »Das ist das einzige, was mir geblieben ist.« Verzweifelt schlug er die Hände vor sein Gesicht und schluchzte. »Wenn ich heimkomme, werde ich meinem Mann erzählen, daß Sie hier sind. Er wird sich freuen, wenn er Sie besuchen kann!« – »Sagen S' ihm einen schönen Gruß von mir, aber er braucht mich nicht zu besuchen. Er hat bestimmt 'was Besseres zu tun.«

Ich war so entsetzt, daß ich die anderen beiden Herren unbeachtet ließ. Grußlos ging ich aus dem Zimmer. »Das ist vielleicht eine Gemeinheit«, brach es aus mir heraus. »Er hatte eines der besten Malergeschäfte – und jetzt muß er seine letzten Tage hier verbringen! Wie ist denn das möglich?«

Schwester Anna wartete geduldig, bis ich mich ein wenig beruhigt hatte. »Sie haben ja recht«, sagte sie endlich, »der Mann ist eigentlich mit etwas Geduld durchaus zu Hause zu pflegen. Aber wir dürfen uns nicht in Privatangelegenheiten einmischen. Unsere Aufgabe ist es nur, zu helfen, wo wir können, und den Menschen, die man uns anvertraut hat, das Leben noch so schön wie möglich zu gestalten. Doch es ist gut, daß Sie sich mit Herrn Furtner unterhalten haben. Wenigstens hat er diese schreckliche Starre überwunden. Weinen – das war in seinem Fall zunächst einmal das Wichtigste.«

»Wissen Sie, Schwester Anna, ich glaube, daß ich mich für dieses Haus nicht eigne!« – »Warum?« – »Ich bin nicht der Typ, der so eine schreiende Ungerechtigkeit hinnehmen kann. Ich glaube, ich würde der Schwiegertochter von Herrn Furtner glatt ins Gesicht sagen, was ich von ihr halte.« – »Na, wie schön, daß Sie nachts nicht mit den Besuchern in Kontakt kommen«, antwortete sie lächelnd.

»Sie sind sich wohl ganz sicher, daß ich hier anfangen werde?« – »Natürlich«, sagte sie trocken. »Ich bin doch selbst Mutter. Und für unsere Kinder ist uns nichts zuviel. Ja, und das bißchen Angst werden Sie schon loswerden. Das ist alles Gewohnheit. So, und jetzt gehen wir noch zu Herrn Seifert. Wenn Sie das auch noch ertragen, sehe ich eigentlich keine Schwierigkeiten mehr.«

Sie wartete meine Antwort gar nicht erst ab, sondern öffnete die Tür zu einem Einzelzimmer. Ein penetranter Geruch schlug mir entgegen. Zurück konnte ich nicht mehr, denn das, was da saß, hatte schon freundlich »Guten Tag« zu mir gesagt. Ich fühlte, wie meine Lippen zu beben anfingen und die Knie weich wurden.

»Wen bringen Sie mir denn da?« fragte der Mann mit dem halben Gesicht. Tatsächlich, da saß ein Mann mit einem halben Gesicht. Die andere Hälfte war weggefault. Es war ein grauenvoller Anblick. Bis zum Hals hinunter faulte das Fleisch. Herr Seifert hatte Hautkrebs. Von weit her hörte ich Schwester Anna sagen: »Unsere neue Nachtschwester, Herr Seifert.« Sie führte mich an sein Bett. Herr Seifert reichte mir die Hand.

Zeig ihm jetzt bloß nicht, daß du dich ekelst, dachte ich nur, das würde ihn sicher verletzen. Ich streckte meine Hand aus. »Sie müssen mir Ihre Hand nicht geben, wenn es Ihnen unangenehm ist«, sagte er. Am liebsten wäre ich auf ihn zugeflogen, so leid tat er mir. Meine Gedanken rasten. Der Mann war zu intelligent, man konnte ihm nichts vormachen. Also entschloß ich mich zur Wahrheit. »Nun, ich gebe zu, daß Sie der erste Mensch sind, den ich mit dieser Krankheit zu sehen bekomme.« Dann gab ich ihm die Hand.

»An Mut mangelt es Ihnen nicht, wenn Sie in diesem Haus arbeiten wollen«, meinte er lächelnd. »Wie heißen Sie eigentlich?« – »Elfriede. Aber warum sollte ich Mut brauchen, um hier zu arbeiten?« – »Schauen Sie mich doch einmal an. Sicher gibt es noch mehr Patienten, die so häßlich aussehen wie ich.« – Er stand auf, seine Bewegungen waren schwerfällig. Sicher bekam er starke Medikamente. Trotzdem wirkte er erregt, als er jetzt sagte: »Das ist doch ein Haus des Grauens!«

»Quatsch!« – Ein wenig zu barsch war mir das Wort herausgerutscht. Schwester Anna schaute mich auch gleich befremdet an. Ich zuckte nur die Schulter, ich war nun mal so. Leise fuhr ich fort: »Das ist ein Haus der Liebe, Herr Seifert. Auch wir wissen nicht, was über uns kommt. Wir sollten unsere Kraft so lange wie möglich den Kranken und Schwachen zur Verfügung stellen. Sterben müssen wir alle einmal, das wissen wir, und wir brauchen darüber auch nicht traurig zu sein. Leider denken wir zu wenig daran, solange wir gesund sind.« – »Sie haben ja so recht«, nickte Herr Seifert. »Der Mensch erinnert sich erst daran, wenn es soweit ist.«

Ganz unvermittelt fragte er: »Haben Sie Kinder?« – »Ja, sechs, warum?« Seine Stimme zitterte. »Wie wäre Ihnen zumute, wenn Sie Ihre Kinder plötzlich nicht mehr sehen dürften?« – »Das wäre das Schlimmste, was mir zustoßen könnte«, antwortete ich. Er hatte Tränen in den Augen, als er nun sagte: »Diese Qual habe ich mir selber auferlegt. Meine beiden Kinder sind noch schulpflichtig. Ich will nicht, daß sich sich vor mir ekeln. Schon als ich krank wurde, habe ich gefühlt, wie sie vor mir zurückwichen. Und darum möchte ich sie lieber gar nicht mehr sehen. Sie sollen das bittere Ende nicht miterleben. Ich möchte, daß sie mich so in Erinnerung behalten, wie ich war. Glauben

Sie mir, ich überlege schon, ob ich nicht auch meine Frau bitten soll, mich nicht mehr zu besuchen.« – »Nun, ich glaube, das müssen Sie schon ihr selbst überlassen, denn Liebe ist stärker als jede Krankheit. Oder hätten Sie Ihre Frau im Stich gelassen, wenn sie krank wäre?« – »Nein, das glaube ich nicht«, sagte er nachdenklich. »Ade, Schwester Elfriede. Ich freue mich auf Ihren Anfang hier bei uns.«

Als wir draußen waren, steuerte ich auf die Sitzecke am Ende des Ganges zu. Ich ließ mich in einen Sessel fallen, mir war elend zumute. Vor allem aber war mir klar, daß ich hier nicht anfangen wollte. Weiß Gott, was auf Station zwei noch für Fälle lagen!

Schwester Anna hatte sich neben mich gesetzt. Sie schaute mich bittend an. »Ich will ganz ehrlich sein«, sagte sie jetzt. »Wir sind im Druck. Unsere Schwester Resi hört in vier Wochen aus Altersgründen auf. Es haben sich schon mehrere Schwestern beworben, aber keine konnte sich entschließen, den Nachtdienst hier zu übernehmen. Könnten Sie sich wenigstens dazu entschließen, eine Probenacht mit Schwester Resi zu machen? So schlimm, wie es jetzt aussieht, ist es gar nicht.«

Ich überlegte kurz. »Also gut, ich komme übermorgen, aber ganz unverbindlich. Ich glaube nicht, daß ich dem Ganzen hier gewachsen bin.« Schwester Anna drückte mir die Hand. »Nur eine Probenacht«, betonte ich noch einmal.

Als ich im Auto saß, war ich mit meinen Gedanken schon zu Hause. Immer wenn ich meine Kinder allein lassen mußte, hatte ich ein schlechtes Gewissen. Wie oft hatte ich mir schon vorgestellt, wie herrlich es wäre, wenn ich nicht mehr arbeiten müßte und bei den Kindern sein könnte. Aber das war unmöglich. Mein Mann mußte häufig die Arbeitsstelle wechseln, denn er war Alkoholiker.

Noch vor einigen Jahren, als unsere vier Mädchen endlich den ersehnten Bruder bekamen, war unser Glück vollkommen. Der kleine Gottfried war unser ein und alles, es drehte sich fast alles nur noch um ihn. Mein Mann rackerte von früh bis spät. Obwohl er nur ein einfacher Malergeselle war, hatten wir es nicht nötig, daß auch ich arbeitete.

Gottfried war gerade ein Jahr alt, als er und seine fünfjährige Schwester Elfriede Kinderlähmung bekamen. Während bei der Kleinen die Krankheit einen leichten Verlauf nahm, war Gottfried innerhalb weniger Stunden völlig gelähmt und starb in der ersten Nacht in der eisernen Lunge. Mein Mann war bis zum letzten Atemzug nicht von ihm gewichen. Mich hatte er nach Hause geschickt, weil ich wieder ein Kind erwartete und den Aufregungen nicht mehr gewachsen war.

In der Nacht vor der Beerdigung kam mein Mann völlig betrunken nach Hause. Am Grab brach ich zusammen und hatte noch am selben Tag eine Fehlgeburt. Von diesem Tag an trank mein Mann. Sogar als ein Jahr später unser Sohn Günther und zwei Jahre danach Hansi geboren wurde, konnte er nicht mehr aufhören. Er war abhängig.

Also fing ich wieder zu arbeiten an. Meine Mutter lebte noch drei Jahre und kümmerte sich um die Kinder. Nach ihrem Tod war ich allein mit meinen Problemen. Mein Mann hatte zwar umgeschult und war jetzt Versicherungsvertreter, aber was er verdiente, reichte nicht zum Leben. Vor allem aber waren die Kinder viel zu viel allein. Und da bot sich plötzlich dieser Nachtdienst an. Ich nahm mir vor, mit den Kindern zu sprechen.

Inge, die Jüngste, empfing mich schon an der Tür: »Reg dich nicht auf, Mami, Papa ist nicht da, er ist zum Termin.« Diese »Termine« kannte ich. Sicher würde er erst wieder gegen Morgen nach Hause kommen. Betrunken. Ich erzählte nun den Kindern vom Pflegeheim und der Möglichkeit, nachts dort zu arbeiten.

»Könntest du dann den ganzen Nachmittag zu Hause sein?« fragte Anna erwartungsvoll. »Ja, aber ich glaube, ich schaffe es nicht. Es sind lauter schlimme Fälle da, und nachts wäre ich mit den Schwerkranken ganz allein. Am Tage können sich die Schwestern wenigstens gegenseitig helfen.« – »Schade«, meinte Anna, »gerade jetzt würde ich dich so dringend brauchen.« Ich wurde hellhörig. »Warum denn?« – »Ach, weißt du, in der Handelsschule wird es jetzt immer schwerer. In Englisch tu ich mich ziemlich schwer, und du kannst doch so gut Englisch. Wir könnten meine Hausaufgaben zusammen machen. Außerdem sind die Buben viel braver, wenn du da bist, und ich könnte viel besser lernen.«

Sie hatte ja recht. Meine Unterhaltung mit Herrn Seifert fiel mir wieder ein. Wie großspurig hatte ich dahergeredet von wegen »Haus der Liebe«. Und ich hatte Angst vor der Nacht und dem bißchen Dunkelheit. »Wir werden uns jetzt ein gutes Abendessen machen und uns noch ein wenig unterhalten; morgen sehen wir weiter.«

Mein Mann kam, wie ich es erwartet hatte, erst gegen Morgen nach Hause. Wie üblich war er völlig betrunken. In diesem Zustand haßte ich ihn. Aber ich mußte vorsichtig sein. Ein falsches Wort, und ich bekam Prügel. Das war schon sehr oft vorgekommen. Die Schläge machten mir nicht einmal soviel aus, aber die Kinder standen dann frierend in ihren Schlafanzügen vor dem Schlafzimmer und weinten. Sie gingen erst zu Bett, wenn sie ihn schnarchen hörten.

Als mein Mann diesmal eingeschlafen war, nahm ich mir fest vor, den Nachtdienst anzutreten, komme, was da wolle.

2

Punkt neunzehn Uhr dreißig stand ich im Stationszimmer. Die Nachtschwester, Schwester Resi, war noch nicht da. Spätdienst hatte Schwester Hanna, eine große kräftige Blondine, die mich recht lieb begrüßte. Zehn Minuten später kam dann auch Schwester Resi.

»Was gibt's auf den Stationen?« – »Wie üblich«, antwortete Schwester Hanna. »Das Brummerl läßt sich nicht ausziehen, und Frau Finster hat im Spätdienst schon wieder sechsmal geläutet. Im zweiten Stock habe ich alle Patienten noch einmal trockengelegt. Wie es hier unten aussieht, weiß ich noch nicht.« – »Gut«, sagte Schwester Resi, »ich gehe inzwischen mit Schwester Elfriede die beiden Altenheime durch. Sie können sich zum Heimgehen fertig machen.«

Ich lief immer hinter der korpulenten Schwester her. In den beiden Altenheimen mußten allabendlich die Türen und Fenster vom Nachtdienst kontrolliert und in den Stationsküchen die Herde überprüft werden. Denn manchmal machten sich die Heimbewohner noch Tee und vergaßen dann auszuschalten.

»Das ist am Abend Ihre erste Amtshandlung«, lachte Schwester Resi, »damit uns das Haus nicht eines schönen Tages abbrennt. Da habe ich hier schon einiges erlebt! Die Alten sind halt recht vergeßlich, und für die Schwestern im Altenheim ist um achtzehn Uhr Feierabend.«

Als wir ins Pflegeheim zurückgekehrt waren, stellte ich fest, daß Schwester Resi die Arbeit wirklich schon sehr schwer fiel und sie nur noch das Notwendigste schaffte. Außerdem war sie unfreundlich zu den Patienten. Sie schnauzte das Brummerl – so wurde Frau Brummer von den Schwestern genannt – fürchterlich an, weil sie sich nicht schon von der Spätschwester hatte ausziehen lassen. In meiner Gegenwart schubste sie das alte knochige Weiblein in den Sessel, um ihr die Schuhe auszuziehen.

Das Brummerl schaute mich an. »Bist 'leicht du de Neie?« fragte sie und legte den Kopf auf die Seite. »Ja, ich bin die Neue.«

»Na, mit der werden Sie noch Ihre Wunder erleben!« fing jetzt Schwester Resi an zu zetern und deutete auf Frau Brummer. »Jede hier im Haus hat ihre Handschrift schon kennengelernt. Wenn nicht alles nach ihrem Dickschädel geht, dann haut sie zu!«

»Liag doch net so, du damische Henna, du wamperte! Wannst du net greißlich zu mir bist, dann brauch i net zuaschlogn!« – Schnell drehte ich mich um, denn ich mußte lachen.

»Ja, ja, recht frech sein und dann in der Früh scheinheilig in die Kirche rennen, das sind die richtigen Christen!« Schwester Resi schimpfte leise vor sich hin, und Schwester Hanna stand grinsend vor der Tür: »Jetzt komm, Brummerl, laß dich von der Nachtschwester ausziehen.«

»Wos machst jetzt du da no, schaug, daß'd hoam kimmst!« – »Mir pressiert es gar nicht, Frau Brummer, ich habe ja keine Familie.« – »Host koan dawischt?« kicherte das Brummerl. »Du ja auch nicht«, gab Schwester Hanna zurück. Die beiden plänkelten noch ein Weilchen, bis Schwester Resi ärgerlich wurde: »Dann hätten Sie ihr Brummerl auch noch selber ausziehen können!«

»Ich gehe ja schon!« Lachend verabschiedete sich Schwester Hanna, nicht ohne mir einen guten Anfang zu wünschen.

»Blödes Rumgegacker«, schimpfte Schwester Resi. »Lassen Sie sie doch, wenn es ihr Spaß macht«, versuchte ich zu beruhigen. »Lachen hat noch keinem geschadet. Ich lache auch gern.« – »Das wird Ihnen in dem Haus sicher noch vergehen«, entgegnete Schwester Resi giftig. Ich schwieg, wußte aber, daß es Zeit war, Schwester Resi abzulösen. Ein Mensch, der keinen Humor hat, taugt nicht für ein so trauriges Haus wie dieses!

Wir gingen aus dem Zimmer. »So, jetzt werden wir nach den schlimmsten Fällen sehen, und dann machen wir einen Rundgang durch die anderen Zimmer.«

Ihr erster Weg führte zu Frau Hertrich und dem Bärbelchen. Das Bärbelchen schlief schon, aber Frau Hertrich lag wieder mit offenen Augen im Bett. Der Ausdruck dieser Augen war der gleiche, wie ich ihn schon am ersten Tag erlebt hatte. Wieder bat sie um ein wenig zu trinken. »Ich mach das schon«, sagte ich zu Schwester Resi. Dann fragte ich Frau Hertrich: »Können Sie eigentlich noch läuten?« Sie nickte mit ihrem kleinen Köpfchen. »Ist gut, Frau Hertrich, dann läuten Sie, sooft Sie etwas brauchen.«

»Das brauchen Sie nicht erst zu sagen«, zischte Schwester Resi, als wir draußen waren, »es ist sowieso die ganze Nacht keine Ruhe. Mir kann es ja egal sein, die paar Tage, die ich noch hier bin. Aber soviel kann ich Ihnen sagen, die Patienten haben es gleich heraus, wenn sie jemanden ausnützen können.«

»So, so«, sagte ich bloß und fragte nach Herrn Furtner. »Ach, der lamentiert den lieben langen Tag nach seinen Enkelkindern. Kommen Sie, wir werden gleich einmal zu den Männern hineinschauen.«

Alle vier Herren schliefen fest. Herr Furtner hatte einen beschleunigten Atem. Schwester Resi schaute ihn eine Weile an und meinte dann: »Der macht's sowieso nicht mehr lange. Essen tut er nichts mehr, und den ganzen Tag stiert er vor sich hin.« – »Kann ich verstehen, ich kannte ihn. Er war ein feiner Mann, der hätte einen besseren Lebensabend verdient.«

»Gehen wir noch zu Herrn Seifert?« – »Ja, unbedingt, zu dem muß man nachts öfter hineinschauen.« – »Warum?« – »Ja, wissen Sie, das ist auch so einer, der zuviel herumsinniert und dann sehr unruhig ist. Auch die schmerzlindernden Mittel, die er in zunehmendem Maße braucht, machen ihn ganz wirr. Manchmal wandert er nachts herum. Schlimm dabei ist, daß er so leise ist. Aber inzwischen weiß ich, daß ich nur der Nase, also dem Geruch folgen muß, den er verbreitet.«

Sie sagte das alles so pietätlos. Ich mochte sie nicht. Es entsprach sicher der Wahrheit, was sie da erzählte, aber man konnte das auch anders sagen. Oder hatte der Nachtdienst sie so gemacht?

Als wir nach Herrn Seifert sahen, schlief er bereits fest.

Die Nacht verlief turbulent. Zum Sitzen oder gar Ausruhen kamen wir nicht. Wie sollte das bloß werden, wenn ich erst alleine war?

Um vier Uhr morgens fingen wir an, die Patienten zu waschen. Zwischendurch wurde immer wieder geläutet. Ich rannte, und Schwester Resi wusch.

»Sehen Sie, das ist es, was ich so beanstandet habe«, sagte Schwester Resi. »Wenn Sie allein sind, müssen Sie den Patienten, den Sie gerade waschen, wieder zudecken, liegen lassen und nach den Glocken rennen. Da werden Sie ganz schön nervös. Umsonst weigern sich die lieben Tagschwestern nicht, in den Nachtdienst zu gehen! Na, und dann die Angst vor den Toten und dem Alleinsein.« – »Haben Sie denn nie Angst?« fragte ich. Jetzt fing die Dicke an zu lachen. »Kindchen, die Toten tun Ihnen nischt mehr!«

Bei der letzten Patientin, die wir zu waschen hatten, erlebte ich dann noch eine böse Überraschung. Frau Rau, die in irgendeinem Nest einmal die Frau eines Bürgermeisters gewesen war, wollte auch mit »Frau Bürgermeisterin« angesprochen werden. Jetzt hatte sie sich ganz vollgemacht und wie ein Säugling beschmiert. Sogar die Haare waren besudelt. Sie empfing uns ärgerlich. »Aber meine Damen, schauen Sie doch mal, in welchem Schmutz ich hier liegen muß. Also, das bin ich nicht gewöhnt. Schaffen Sie mir sofort ein neues Bett her! Ich sehe schon, ich muß mich mal wieder um anderes Personal bemühen.« Dabei verschmierte sie sich noch weiter. Zu allem Übel streckte sie mir auch noch ihre beschmierte Hand entgegen und sagte: »Aber Sie, mein Kind, Sie kenne ich ja noch gar nicht. Wann hat mein Mann Sie denn eingestellt? Hoffentlich habe ich mit Ihnen mehr Glück!«

Unter Gezeter gelang es uns, Frau Bürgermeisterin zu säubern. »Passiert das jeden Tag?« fragte ich erschöpft. »Ach du lieber Gott«, lachte Schwester Resi, »Sie dürfen froh sein, daß es heute nur eine ist.«

Es läutete schon wieder. »Das wird Frau Reiter sein. Sie wissen schon, die junge dicke MS-Kranke mit den bösen Augen.« – »Die läutet aber sehr oft.« – »Warten Sie erst mal, bis Sie die richtig kennenlernen. Hier gibt es nicht eine Schwester, die nicht schon bittere Tränen ihretwegen vergossen hätte. Die ist so böse, daß ihr sogar unser Herr Direktor bereits gedroht hat, sie müsse sich um ein anderes Heim bemühen, wenn sie sich nicht ändere. Wir behandeln unsere Patienten anständig, aber schließlich erwarten wir auch, daß man uns entgegenkommt.«

Ich lief hinauf in den zweiten Stock. Gleich im ersten Zweibettzimmer lag Frau Reiter. »Wo bleiben Sie denn so lange?« empfing sie mich schimpfend. »Wollen Sie sich die Schlamperei von der Dicken gleich am ersten

Tag angewöhnen?« Ich antwortete überhaupt nicht, sondern fragte nur: »Was wünschen Sie, Frau Reiter?« – »Was werd' ich schon wollen. Die Schüssel will ich, ich muß mal! Bei euch kann man ja ins Bett machen, bis mal eine kommt!« – »Wir waschen gerade Patienten, da geht es nicht so schnell.« Ich gab ihr die Schüssel.

»Übrigens, ich möchte in Zukunft auch schon eher gewaschen werden. Können Sie es einrichten, daß Sie mich morgens waschen, oder haben Sie auch so viele Ausreden wie die anderen Damen?« – »Noch bin ich nicht eingestellt, Frau Reiter. Das war meine erste Nacht hier. Sozusagen eine Probenacht.« – »Aha, und jetzt kann sich die Dame nicht entschließen, bei uns anzufangen.« – »Ganz im Gegenteil, liebe Frau Reiter, ich bin sogar ganz sicher, daß ich hier anfangen werde. Aber für heute möchte ich mich verabschieden.« – »Halt!« schrie sie, als ich hinaus wollte. »Ich bin schon fertig.« Ich nahm ihr die Schüssel ab und säuberte sie draußen. Als ich wieder hereinkam, fragte sie: »Na, haben Sie schon Anweisungen erhalten, wie Sie mich zu behandeln haben? Oder haben Sie ihre eigenen Methoden?« – »Behandeln tut Sie Ihr Arzt, liebe Frau Reiter. Ich darf Sie nur pflegen, und ich werde mir Mühe geben, Sie zufriedenzustellen.« – »Ha, wollen Sie mir vielleicht weismachen, daß man Ihnen noch nicht gesagt hat, daß ich hier der Teufel bin?« – »So, sind Sie das? Na, wenn Sie es selber glauben, dann würde ich doch versuchen, das zu ändern.« Ohne eine Antwort abzuwarten, ging ich hinaus. Aber ich hatte nicht mit ihrer Hartnäckigkeit gerechnet. Sofort läutete sie Sturm, und ich ging noch einmal zurück.

»Ich habe Ihnen noch etwas zu sagen, junge Dame«, zischte sie. »Es ist sieben Uhr, Frau Reiter, mein Dienst ist beendet.« – »Ach, das dachte ich mir doch gleich. Sie kommen wohl aus der Fabrik, wo man mit dem Gongschlag alles aus der Hand fallen läßt?« Ich beherrschte mich. »Die Tagschwestern sind bereits hier. Oder haben Sie noch etwas Persönliches zu sagen?«

Sie war rot im Gesicht, als sie wieder loslegte: »Laufen Sie doch gleich wieder zu Ihrem sauberen Direktor und beschweren Sie sich, damit ich wieder geschimpft werde. Alle Schwestern freuen sich darüber, wenn er mich schimpft!« – »Ich bin noch überall selbst mit meinen Patienten fertig geworden. Im Guten geht nämlich alles. Versuchen Sie doch auch einmal, Ihre Wünsche etwas liebenswürdiger zu äußern, Sie werden sehen, dann geht alles viel besser.« – »Wer ist denn liebenswürdig zu mir? Schließlich bezahle ich euch für meine Pflege. Dafür soll ich euch wohl noch Honig ums Maul schmieren?« Ich merkte, wie sie sich immer mehr erregte.

»Frau Reiter, ich muß jetzt wirklich gehen. Wir werden uns länger unterhalten, wenn ich erst einmal hier angefangen habe.«

Ich verließ schnell das Zimmer. So einen unangenehmen Eindruck hatte ich gar nicht von ihr. Vielmehr glaubte ich, daß diese Frau mit ihrer Krankheit, mit ihrer Bettlägerigkeit nicht fertig wurde. Als Schwester Resi mich mit einem »Na, wie war's denn?« empfing, lenkte sie mich schnell ab. Ich wollte das schwarze Schaf nicht noch schwärzer machen. Wir schrieben die Berichtsbücher und machten uns fertig zum Heimgehen. An der Pforte trafen wir Schwester Anna und den Direktor.

»Wie war denn die erste Nacht?« wollte er wissen. Schwester Resi kam mir mit ihrer Antwort zuvor: »Ach, die macht das schon. Die hat den nötigen Humor!«

Ich war mit meinem Gedanken schon wieder halb zu Hause. Als Schwester Anna mich bat, sobald wie möglich anzufangen, rief ich nur noch: »Ich rufe Sie an«, und rannte zum Auto.

Meine Kinder liefen mir schon auf der Treppe entgegen und überhäuften mich mit Fragen. Mein Mann hatte den Frühstückstich gedeckt, es roch nach frischem Kaffee. Ich schilderte, wie die Nacht verlaufen war. Mein Mann war skeptisch: »Glaubst du nicht, daß es ein Risiko ist, deine jetzige Stellung zu kündigen? Stell dir bloß vor, du schaffst den Nachtdienst nicht, dann hängst du in der Luft.« – »Ach was, alles geht, wenn man nur will.« – »Du mußt es ja wissen«, lenkte er ein, »aber ein ungutes Gefühl habe ich trotzdem.«

Am ersten September sollte ich meinen ersten Nachtdienst antreten. Alleine natürlich. Ich versuchte, am Nachmittag noch ein wenig zu schlafen, aber es blieb nur beim Ausruhen. Ich war viel zu aufgeregt. Sicher wird nicht gleich in der ersten Nacht jemand sterben, versuchte ich mich zu beruhigen.

»Mami, du bist ja so still, ist dir was, soll ich mit dir mitkommen?« fragte Inge besorgt. »Und mach dir bloß wegen uns keine Gedanken, ich pass' schon auf!« Wenn sie das sagte, konnte ich mich darauf verlassen. Sie liebte ihre beiden Brüder über alles. Ich fuhr also beruhigt los.

3

Von der Pförtnerin nahm ich die Berichtsbücher in Empfang. Sie händigte mir auch alle Schlüssel, darunter einen Generalschlüssel, aus. Zuerst mußte ich sämtliche Türen und Fenster schließen und in allen Kleinküchen die Herde kontrollieren. Dann löste ich die Spätschwester ab. Es war wieder Schwester Hanna.

»Guten Abend, Schwester Elfi«, rief sie mir fröhlich zu. Der Name blieb mir, keine der Schwestern nannte mich je wieder Elfriede. Schwester Hanna informierte mich über den Zustand eines jeden Patienten, und vor allem bat sie mich noch, das Brummerl erst später auszuziehen, damit ihr die Nacht nicht zu lang werden würde. Denn das Brummerl war eine der wenigen Patienten, die noch laufen konnten.

Während wir noch das Nötigste besprachen, kam Schwester Thea, um mir auch von ihrer Station zu berichten. Es stand zwar alles in den Berichtsbüchern, aber schließlich war ich heute zum erstenmal allein da, und die beiden wollten mir den Anfang etwas erleichtern. Schwester Thea sprach schwäbischen Dialekt, sie war freundlich und sachlich. Ich hatte von Anfang an ein herzliches Verhältnis zu ihr.

»Leider geht es unserer Frau Hertrich und Herrn Furtner gar net so gut. Herr Furtner red' nix, und esse tut er au nix mehr. Vielleicht schaffe Sie es, daß er in der Nacht wenigstens e bißche Flüssigkeit zu sich nimmt!« – »Na so was. Vor zwei Wochen hat er sich noch so nett mit mir unterhalten.« – »Ja, des Herzeleid und des Heimweh, des is arg, scho mancher isch dran gstorbe.«

Schwester Hanna unterbrach sie. »Gell, Schwester Elfi, Sie ziehen mir das Brummerl dann aus, ich kann mich doch darauf verlassen? Nicht daß sie sich wieder mit den Patienten im Zimmer herumschlägt!« – »Was, schlägt?« – »Ja, wenn sie zornig ist, dann haut sie schon mal mit ihrem Stock zu.« Schwester Thea lachte: »No, erschlage hat des Brummerl noch niemanden. Ich wünsche Ihnen a recht gut's Nächtle und ei gute Wache. Ja, und wenn es wirklich amol ernscht wird, dann könne Sie mich ja hole, ich schlaf hier im Haus.« Ich war sehr erleichtert. »Danke, Schwester Thea, und gute Nacht.«

Schwester Hanna und ich gingen in den zweiten Stock. »Den Aufzug dürfen Sie in der Nacht nie benützen«, warnte sie, »denn wenn er einmal steckenbleibt, dann kann Ihnen niemand helfen, und die Patienten wären die ganze Nacht unversorgt!«

Wir betraten das Zimmer, in dem Frau Brummer ihr »Unwesen« trieb. Die anderen drei Damen lagen in ihren Betten. Das Brummerl saß im Sessel und schaute mir bockig entgegen. »Guten Abend, Frau Brummer, kennen Sie mich noch?« Keine Antwort. »Guten

Abend, Frau Brummer«, sagte ich nun etwas lauter. Sie stand auf, stützte sich auf ihren Stock und kam auf mich zu. »Wos megst von mir, du Kaibe?« fragte sie aggressiv. Kein Zweifel, sie kannte mich nicht mehr. Es konnte aber auch sein, daß sie heute besonders schlecht aufgelegt war. »Ausziehen und ins Bett bringen will ich Sie!« – »I mog aber no net!« Ich ging auf sie zu. Sofort hob sie ihre knochige Hand, und ihre Miene ließ keinen Zweifel aufkommen, daß sie mir eine Ohrfeige geben wollte. »Geh nur her zu mir«, krähte sie angriffslustig, »i schmier dir eine, du Rindviech!« Ich ging auf sie zu, lachte sie an und sagte: »Na gut, wennst meinst, bleiben wir per du, aber du mußt dich entscheiden, ob ich ein Kaibe oder ein Rindvieh bin, und wenn du mich haust, haue ich sofort zurück!« Erstaunt sah mich das Brummerl an, ihre Augen weiteten sich immer mehr. Langsam ließ sie ihre Hand fallen.

Dann setzte sie sich wieder hin und fing an zu kichern: »Wos bist denn du für oane?« fragte sie verwundert. »Was ich für eine bin, das wirst du schon noch herausbekommen. Ich werde sehr lieb zu dir sein, wenn du lieb bist. Aber wenn du schlimm bist, werde ich noch viel schlimmer sein. Schließlich muß hier Ordnung herrschen. Ich bin nachts ganz allein im Haus, und du bist nicht die einzige Patientin hier!«

Willig hob sie die Füße und ließ sich Schuhe und Strümpfe ausziehen. So viele Salben und Cremchen für eine Person hatte ich noch nie gesehen. »Woaßt«, sagte sie, »i hob's rheumatisch.« – »Ist ja recht, Brummerl, aber eine gute Salbe genügt auch.« – »Ja, woaßt, i hob an scheena Teppich g'habt, aber d' Heimleiterin, de Krucka, hot mern gnumma.« – »Ja, warum denn?« wollte ich wissen. »O mei, i hob halt a paarmol draufgsoacht, und des hot ihrer net 'paßt.« – Ich mußte lachen: »Das mußt du aber verstehen, Brummerl, da riecht ja dann das ganze Zimmer!« – »A, an Schmarrn, i hob nix grocha.« Wenigstens lachte sie mit.

Die Tür ging auf, und Schwester Hanna schaute verwundert herein: »Bei euch ist ja eitel Sonnenschein!«. Und leise zu mir: »Haben Sie keine erwischt?« – »Nein, wir verstehen uns blendend! Frau Brummer weiß, daß ich zurückschlage, wenn sie mich haut, darum ist sie recht lieb.«

Schwester Hanna grinste und flüsterte: »Die scheint Ihnen das zu glauben.« – »Sicher, solange ihr niemand erzählt, daß wir nicht schlagen dürfen, wird es mit uns beiden schon klappen.« – »Na, mir ist es egal, wie Sie mit ihr fertig werden. Hauptsache, es geht gut.«

Das Brummerl und ich waren vom ersten Tag an Freunde.

Schwester Hanna schien beruhigt. Sie verabschiedete sich, und ich kontrollierte noch einmal alle Ausgänge. Dann ging ich erst einmal in das Stationszimmer und warf einen Blick in die Berichtsbücher.

Zum erstenmal fühlte ich mich wirklich allein. Ein unangenehmes Gefühl beschlich mich. Das große Haus und all die Patienten, für die ich nun die Verantwortung trug. Ich hörte auf Geräusche, die man tagsüber gar nicht wahrnimmt. Die elektrische Anlage, das ganze technische Läutsystem knackte ständig. Die Türen im Neubau waren sicher aus feuchtem Holz hergestellt, sie knarrten, und manchmal hörte es sich an, als ob jemand die Türklinke herunterdrücken wollte.

Zum Glück hatte ich nicht lange Zeit, auf all die Geräusche zu hören. Frau Finster, eine Patientin mit Schüttellähmung, hielt mich in Atem. Sie war Dauerläuterin, und weder im guten noch im bösen konnte man ihr beibringen, daß sie nicht wegen jeder Kleinigkeit die Glocke in Gang setzen durfte. Aber man konnte ihr nicht gram sein, sie war so hilflos! Also nahm ich es in Kauf, daß sie während einer Nacht etwa zwanzigmal läutete.

Ich lief gerade wieder die Treppe zum Stationszimmer herunter, als ich einen unangenehmen, eindeutigen Geruch wahrnahm. Zu hören war nichts. Von einer angstvollen Ahnung befallen, lief ich in das Zimmer von Herrn Seifert. Schwester Resi fiel mir ein. Vorsichtig nachts mit Herrn Seifert, der wandert! Tatsächlich, er war nicht in seinem Bett. Im Vorbeigehen schaute ich auf die Uhr. Mitternacht, das auch noch! Aus Kindertagen fielen mir Gruselgeschichten ein. Überhaupt – die dümmsten Gedanken rasten mir in dieser Nacht durch den Kopf.

Ich mußte Herrn Seifert auf jeden Fall finden, er konnte sich schließlich nicht in Luft aufgelöst haben. Nur ruhig bleiben, sagte ich mir immer wieder. Beide Stationen suchte ich ab, dann jedes einzelne Zimmer.

Als ich die Treppe wieder hinaufging, war da erneut dieser Geruch. Hier mußte er also gewesen sein.

Ein markerschütternder Schrei beendete meine Suche: »Hilfe, ein Mann ist in meinem Bett!« Der Schreck saß mir in den Gliedern, ich lief in das Zimmer, aus dem das Geschrei kam. So fühlt man sich also, wenn einem vor Angst die Haare zu Berge stehen! Als ich die Tür öffnete, bot sich ein komischer Anblick. Herr Seifert und Frau Münster saßen beide aufrecht im Bett und stierten sich an. Beide waren kreidebleich. Ich hatte Mühe, Herrn Seifert klarzumachen, daß er sich auf der falschen Etage befand.

»Aber das ist doch mein Zimmer!« rief er immer wieder. Nachdem ich mit Engelszungen auf ihn eingeredet hatte, ließ er sich widerwillig in sein Zimmer bringen. Es war erschütternd, mit ansehen zu müssen, wie die starken Medikamente auf diesen intelligenten Mann wirkten.

Auf den Rundgängen fiel mir auf, daß die meisten Patienten im Schlaf wie Tote aussahen. Das Herz blieb mir fast stehen, wenn ich ihre Halsschlagader beobachtete um festzustellen, ob sie noch lebten. Den Puls zu fühlen, wagte ich nicht, aus Angst, sie könnten durch meine Berührung erschrecken und dann wirklich sterben.

Herr Furtner gefiel mir überhaupt nicht. Sein Atem war flach und stark beschleunigt. Frau Hertrich lag wie üblich mit offenen Augen da und wollte trinken. Heute sagte sie: »Ach bitte, lassen Sie doch die Tür auf!« Es klang ängstlich, ihre Augen hielten mich fest und zwangen mich, etwas bei ihr zu bleiben. War das schon Todesangst? Ich gab ihr noch einmal zu trinken, dabei streichelte ich mit der freien Hand über ihren kleinen Kopf und ihre abgemagerten Hände. Aber ich mußte sie dann doch mit der anderen Hand stützen, denn das Schlucken fiel ihr sehr schwer. Selbst wenn sie mit dem Strohhalm trank, verschluckte sie sich. Ich treufelte ihr daher mit dem Teelöffel einige Tropfen in den Mund, das Schlucken strengte sie sichtlich an. In diesem Augenblick beneidete ich ein Tier, dem man den Gnadenstoß geben durfte, und empfand, daß der Mensch auf dieser Welt ein ganz armes Geschöpf sein kann.

Ich schaute zum Bärbelchen hinüber, sie schlief ganz ruhig. Mir fiel wieder ein, was Schwester Anna mir über ihren Tumor erzählt hatte und daß man sehr aufpassen müsse.

Bei Dienstantritt hatte Schwester Hanna von Frau Ortmeier erzählt, die sich den Arm bei einem leichten Sturz gebrochen hatte: »Sie ist zum Waschbecken gegangen und dort ausgerutscht. Aber ihr Körper ist voller Metastasen, die Knochen sind morsch und zerbrechlich, darum hat sie sich gleich den Arm gebrochen. Sie hat starke Schmerzen, denn der Bruch verläuft genau an einer Metastase.« – »Welche Schmerzmittel haben Sie ihr denn gegeben?« – »Das Krankenhaus hat etwas mitgegeben, aber wenn es schlimmer wird, sollen wir anrufen.«

Bei einem Rundgang fand ich sie dann auch schmerzverkrümmt im Bett liegen. Ich gab ihr noch einmal von dem schmerzlindernden Mittel, aber es half nichts, Frau Ortmeier wand sich wie ein Wurm. Schließlich lag sie am Fußende des Bettes und sah mich mit Augen an, die zu sagen schienen: Befreie mich doch endlich von den wahnsinnigen Schmerzen!

Ich rannte aus dem Zimmer, um nicht länger in diese Augen sehen zu müssen.

Aber magische Kräfte zogen mich immer wieder zu ihr hin. Plötzlich überkam mich ein tiefes Mitleid. Verloren ist sie ohnehin, dachte ich. Sie wird an dieser Krankheit in den nächsten Tagen sterben. Sie kann die Schmerzen nicht länger ertragen, und ich kann sie nicht länger leiden sehen. Ich muß sie erlösen. Aber das darf ich nicht. Ich habe nicht das Recht dazu, einen Menschen von seinem Leiden zu befreien. Gott allein bestimmt, wann es zu Ende geht.

Es ging über meine Kräfte. Ich war der Situation nicht gewachsen, darum rief ich den Chef an: »Schikken Sie mir bitte jemanden, ich kann Frau Ortmeier nicht länger leiden sehen!« – »Gehen Sie nicht mehr in das Zimmer, ich schicke Ihnen Schwester Thea«, sagte er erregt.

Schwester Thea war rasch zur Stelle. Als sie vor mir stand, ließ ich mich gehen, lehnte meinen Kopf an ihre Brust und sagte leise: »Ich habe Angst, daß ich sie umbringe!« – »Beruhigen Sie sich, ich bin jetzt da, machen Sie ihre andere Arbeit fertig.« – »Bitte sorgen Sie dafür, daß sie heute abend nicht mehr hier ist oder daß sie wenigstens keine so wahnsinnigen Schmerzen mehr hat, ich weiß sonst nicht, was ich tue!«

Am nächsten Abend war Frau Ortmeier im Krankenhaus.

Trotz der Angst, die mir in den Knochen saß, verging diese Nacht sehr schnell. Ich kam nicht einmal dazu, mir Sorgen darüber zu machen, wie ich ohne Hilfe mit dem Waschen der Patienten fertig werden sollte. Es waren dieselben Patienten wie in der Probenacht. Ich würde mich sehr beeilen müssen, denn niemand nahm mir mehr die leidigen »Glocken« ab. Als wollten sie mich auf die Probe stellen, läuteten die Patienten in einem fort. »Frühstück ist heute nicht drin«, brabbelte ich vor mich hin. Aber flink war ich schon immer, außerdem hatte ich mir vorgenommen, mich nicht unterkriegen zu lassen.

Frau Rau, unsere Frau Bürgermeisterin, hatte sich auch heute wieder vollgemacht. Bei dem Versuch, sich die Hände abzuwischen, war es ihr gelungen, die Vorhänge zu fassen. Mir wäre das nicht sofort aufgefallen, aber als ich sie säuberte, forderte sie mich auf, die Handtücher zu wechseln und deutete dabei auf die Gardinen. Ich mußte ordentlich und unsanft an ihr herumschrubben. Mit einem »Sie sind unfähig, ich entlasse sie fristlos« bedankte sie sich dafür. Im ganzen Pflegeheim gab es nicht eine Schwester, die von Frau Bürgermeisterin noch nicht entlassen worden war.

Als letzte Patientin mußte Frau Brummer gewaschen, angezogen und für den Kirchgang in die Hauskapelle zurechtgemacht werden. Denn das Brummerl, das hatte man mir erzählt, war ein gottesfürchtiges Weib. Die Flüche und Beschimpfungen, die sie immer wieder einmal losließ, taten da nichts zur Sache. Aber schön wollte sie sein, wenn sie in die Kapelle ging. »Woaßt«, sagte sie, »gepflegt sein ist Christenpflicht!« Alle drei Hüte, die sie hatte, mußte ich ausprobieren. Schließlich war ich neu, und sie wollte sie mir zeigen. Sie setzte sie nacheinander auf und fragte mich: »Welcher moanst steht ma denn am besten?« Ich setzte ihr einen mit Kornblumen geschmückten, sicher fünfzig Jahre alten Hut auf. »Schön schaugst damit aus, Brummerl«, sagte ich bewundernd. Sie schaute mich ungläubig an: »Moanst wirklich?« Es war nicht einmal gelogen, als ich wiederholte: »Wirklich, wie eine Dame!« Sie strahlte mich an. »Jetzt«, mahnte ich, »darfst du aber auch nicht mehr so ordinär schimpfen, du mußt dich wie eine Dame benehmen.« Sie kicherte, nahm ihren Stock und ging zur Tür hinaus.

Das Brummerl hängte sich bei mir ein. Es fiel mir auf, daß sie heute nicht schlurfte. Sie hob wohl die Füße mehr als sonst, um auch ihrem Gang eine elegante Note zu geben. Bevor sie die Kapelle betrat, fragte sie: »Kimmst heit auf d' Nacht wieder!« – »Ja, Brummerl, ich komme wieder.«

An der Pforte fingen mich Schwester Anna und der Direktor ab. »Wie war die erste Nacht?« wollten sie wissen. Ich brauchte nicht lange zu überlegen: »Schwer, aber schön«, strahlte ich. Ich fühlte mich großartig. Die beiden schauten mich fragend an. »Ja, ja«, versicherte ich, »es ist herrlich, gesund zu sein und laufen zu können. Aber jetzt muß ich nach Hause.«

4

Diesmal fuhr ich beunruhigt zur Arbeit, denn ich hatte meinen Mann schon zwei Tage nicht mehr gesehen. Aber meine Inge hatte mir ja versprochen, auf ihre Geschwister aufzupassen.

Im Pflegeheim wurde ich von Schwester Hanna mit den Worten empfangen: »Gehen Sie nur gleich zum Brummerl!« – »Warum?« – »Die hat heute das Mariechen mit ihrem Stock geschlagen, und Schwester Ina hat sie dann verlegt!« – »Wohin?« – »Ins Zweibettzimmer zu Frau Reiter.« – »Was? Die werden sich doch nie vertragen!« – »Schwester Ina meint, die beiden passen gut zusammen!« Wie sollte das bei aller Grobheit so sensible Weibchen wohl die spitzen Bemerkungen von Frau Reiter ertragen?

Zusammengesunken saß das Brummerl in ihrem alten Sessel. »Na, das ist schön, daß das Brummerl bei Ihnen gelandet ist! Sie braucht so dringend einen Menschen, mit dem sie sich etwas unterhalten kann. Sie sind eine intelligente Frau und werden sie sicher ein wenig aufheitern können.« Frau Reiter, die bei meinem Eintritt nicht gerade freundlich geschaut hatte, antwortete nun überheblich: »Mit der werde ich schon fertig werden!« Wie sie das meinte, war mir nicht klar, aber es klang nicht böse. Als ich mich daranmachte, das Brummerl auszuziehen, sagte Frau Reiter freundlich: »Jetzt schau nicht so traurig, Brummerl, und laß dich von der Nachtschwester ausziehen!«

Dicke Tränen kullerten dem Brummerl über die Wangen. »Jetzt hots ma sogar meinen Bettvorleger gnumma, damit i mia an Tod hol!« – »Wo ist der hin?« fragte ich Frau Reiter. »Der kommt mir nicht ins Zimmer!« kreischte sie, »der stinkt wie die Pest.« – »Mag schon sein, Frau Reiter«, entgegnete ich, »aber das kann man ja ändern. Ich werde ihn reinigen lassen oder selber waschen.« – »Wenn Sie dazu Lust haben!« meinte Frau Reiter spöttisch. »Ich glaube schon, daß das nötig ist, denn wenn Frau Brummer dauernd kalte Füße hat, wird es mit ihrem Rheuma sicher nicht besser«, betonte ich. »Wenn Schwester Ina ihn weggenommen hat, finden Sie ihn sowieso nicht mehr«, erwiderte sie schadenfroh.

Bevor Schwester Hanna ging, sprach ich sie noch auf den Bettvorleger an. »Ja, wissen Sie, Schwester Elfi, das ist so eine Sache. Wenn Schwester Ina etwas wegwirft, dann haben wir nicht das Recht, es wieder hervorzuholen!« – »Wo hat sie ihn hingeworfen?« fragte ich nur. »Schauen Sie mal in den Sack mit den Kotwindeln.« Ich nahm den Sack, stellte ihn beiseite und nahm mir vor, wenn ich nachts dazukäme, den Bettvorleger herauszusuchen.

Das Brummerl ließ sich nun willig ausziehen. Aber sie wirkte deprimiert, und, was ich bei ihr als krankhaft empfand, sie schimpfte mich heute nicht einmal. »Hab doch ein bißchen Vertrauen zu mir«, redete ich ihr gut zu. »Du bekommst deinen Bettvorleger, ich verspreche es dir. Ob nun den deinen oder einen neuen, kriegen tust einen.« Steil saß sie plötzlich im Bett. Ich war überrascht, wie blitzartig sie, die doch immer über Kreuzschmerzen klagte, hochkam. »I wui koan neia Teppich net. I wui den meinen oda gar koan, und aufsteh'n tu i überhaps nimma!« Sie ließ sich bokkig zurückfallen und schaute mich böse an.

»Da sehen Sie mal, wie krank die ist. Ich muß schon wer weiß wie lange auf die Schüssel warten, aber um mich kümmern Sie sich ja überhaupt nicht. Da heißt es bloß das Brummerl hier und das Brummerl da!« rief Frau Reiter eifersüchtig. »Jetzt hoit bloß du dei Maul«, giftete das Brummerl. Ernst schaute ich es an und sagte: »Bitte sei nicht so böse zu deiner Nachbarin!« Sie ließ den Kopf hängen. Aber nun kam das Schlimmste. Sie wollte sich bei Frau Reiter entschuldigen und sagte: »I hab's net so gmoant, du Wamperte«, und zu mir gewandt: »I versprech dir's, i werd nimmer hoit 's Maul zu derer sogn.«

Frau Reiter hatte sich mit hochrotem Kopf aufgesetzt: »Haben Sie das gehört? Wamperte hat der Bauerntrampel zu mir gesagt. Ja, wo bin ich denn dick; sagen Sie doch selbst, Schwester, bin ich dick?«

Was war das wieder für eine Situation! Ich hatte schon viel zu lange mit einer Antwort gewartet. »Aha, also Sie sind auch der Meinung, daß ich zu dick bin!« – »Na, zu den Schlanken gehören Sie nicht. Aber mit ein wenig Beherrschung kann man schnell ein paar Pfunde herunterbekommen, und man fühlt sich dann viel wohler.« – »Was habe ich denn sonst noch!« zeterte Frau Reiter. »Ich esse ja sowieso nicht so viel, und das bißchen Obst brauche ich unbedingt.« Froh war ich, als es läutete und ich somit einer Antwort enthoben war. Schnell gab ich Frau Reiter noch die Schüssel und lief hinaus.

»Kimmst no amoi?« schrie mir das Brummerl nach.

»Ja, ja freilich!«

Herr Merker von Station eins hatte geläutet. Warum, das hörte ich gleich, als ich hereinkam. Herr Maas stand am Balkon und schrie aus Leibeskräften: »Hilfe, Hilfe, de Leis und Fleh fressen mich auf! Hilfe, Polizei, kommt denn da niemand?« Ich hatte Sorge, denn es war schon empfindlich kalt draußen, und Herr Maas war nur mit einem leichten Schlafanzug bekleidet. »Kommen Sie doch herein, Herr Maas, ich werde Ihnen helfen!« Ich zog ihn sanft ins Zimmer zurück. Er hatte eine gute Salbe gegen den leidigen Juckreiz von seinem Arzt verschrieben bekommen. Nachdem ich ihn damit eingerieben und ihm ein Beruhigungsmittel verabreicht hatte, wollte ich wieder gehen. Aber wenn ich schon in einem Krankenzimmer war, dann schaute ich mir auch gleich die andern Patienten an.

Herrn Furtners Atem ging noch schneller als am Tag zuvor. Er lag auf dem Rücken, beide Arme hingen schlaff herunter. Laut rief ich ihn an: »Herr Furtner!« Keine Reaktion. Er war fahl im Gesicht. Ich fühlte seinen Puls – kaum noch zu spüren. Angst kroch in mir hoch. Ich wußte nicht einmal, ob er die Sterbesakramente empfangen hatte.

Schnell lief ich ins Stationszimmer und rief den Direktor an. Er wohnte neben dem Alten- und Pflegeheim und war Tag und Nacht für uns zu sprechen. Aufgeregt berichtete ich: »Bitte, Herr Direktor, Herrn Furtner geht es sehr schlecht, ich wäre Ihnen dankbar, wenn Sie ihn heute noch versehen würden.« – »Ich komme gleich herüber«, entgegnete er ruhig.

Es läutete schon wieder – und ich hatte nicht einmal meinen ersten Rundgang beendet! Schnell erledigte ich noch die Glocke: Es war Frau Reiter, sie saß noch auf der Schüssel. Ich war froh, daß das Brummerl eingeschlafen war.

Frau Reiter forderte mich aggressiv auf, ihre Schallplatten zu ordnen. Ein Plattenspieler stand neben ihrem Bett. Sie hatte am Nachmittag etwas Musik angehört, und nun lagen die Platten unordentlich herum. Es war mir unangenehm, aber ich mußte sie vertrösten, schließlich kam der Direktor. Also sagte ich freundlich: »Bitte, Frau Reiter, sind Sie mir nicht böse, aber ich habe heute noch nicht einmal zu allen Patienten hineingeschaut. Wenn es irgendwie möglich ist, werde ich es morgen tun.« – »Na, klar«, sagte sie giftig, »mein Name ist ja Reiter und nicht Brummer. Das hätte ich mir gleich denken können.« – »Aber Frau Reiter«, sagte ich nun vorwurfsvoll, »ich habe hier zweiundfünfzig Pflegefälle zu betreuen, und dann wollen Sie am Abend um zweiundzwanzig Uhr ihre Schallplatten geordnet haben! Das geht wirklich nicht. Ich verspreche Ihnen noch einmal, wenn ich morgen Zeit habe, dann werde ich es tun. Gute Nacht, Frau Reiter!« – »Da bin ich aber neugierig«, rief sie statt eines Gutenachtgrußes.

Ich lief wieder in den ersten Stock hinunter, um alles für den Direktor vorzubereiten. In einem Schrankfach hatten wir das, was zum Versehen gebraucht wurde, bereitgestellt. Ich plazierte alles auf Herrn Furtners Nachtkästchen. Dabei hatte ich mächtig Herzklopfen. Die anderen drei Herren machten große Augen, wußten aber Bescheid. Denn das war ja hier in diesem Hause nichts Besonderes. Herr Maas war jetzt auch etwas ruhiger, er meinte: »Freileinchen, ich glaub, de Leis und Fleh schlafen jetzt!«

Schnell eilte ich noch zu den Patienten, denen es am schlechtesten ging. Frau Hertrich lag, wie jede Nacht, mit offenen Augen da. Voller Angst bat sie wieder: »Schwester, lassen Sie die Tür auf.«

Der Direktor kam die Treppe herauf. »Lassen Sie mich, ehe wir anfangen, schnell noch nach Herrn Seifert sehen«, bat ich ihn. »Schauen Sie nur ruhig, ich gehe inzwischen schon zu den Herren hinein.«

Herr Seifert schlief fest. Ich hoffte, in Ruhe mitbeten zu können.

Als ich hereinkam, unterhielt sich der Direktor angeregt mit den anderen drei. Herr Maas erzählte ihm gerade, daß ich sein Ungeziefer eingeschläfert hätte. Der Direktor mußte lachen. »Na, wollen hoffen, daß es wenigstens in dieser Nacht Ruhe gibt!«

Unser Direktor kannte jeden Patienten. Von den Stationsschwestern ließ er sich ständig auf dem laufenden halten. Bei seinem großen Arbeitspensum fand ich das bewundernswert.

Er ging nun an Herrn Furtners Bett und rief ihn dreimal an. Der schien ihn nicht zu hören, wenigstens zeigte er keine Reaktion. Trotzdem sprach der Direktor weiter. »Herr Furtner, ich gebe Ihnen jetzt die heiligen Sakramente!« Als er ihn mit dem geweihten Öl gesalbt hatte, sprachen wir zusammen die Sterbegebete. Ich beobachtete die anderen Herren, wie ernst sie bei der Sache waren.

Als ich mit dem Direktor hinausging, sprach ich ihn darauf an. Er meinte: »So verkalkt können die gar nicht sein; wenn jemand stirbt, fühlen sie alle mit. Übrigens, Schwester Elfi, wenn irgend etwas ist, womit Sie nicht fertig werden, dürfen Sie mich zu jeder Zeit wecken.«

Erst gegen dreiundzwanzig Uhr konnten ich meinen ersten Rundgang durch alle Zimmer antreten. Wie wichtig das immer wieder war, merkte ich, als ich Frau Finster in Tränen aufgelöst fand. »Um Himmels willen, warum weinen Sie denn?« Jetzt erst fiel mir auf, daß sie überhaupt noch nicht geläutet hatte, was völlig ungewöhnlich war. Aber sie konnte ja nicht, die Glocke war ihr beim ersten Versuch heruntergefallen! Sie fühlte sich verlassen und glaubte, ich würde die ganze Nacht nicht nach ihr sehen. Ich nahm sie in die Arme und wiegte sie wie ein kleines Kind hin und her. »Aber, aber«, beruhigte ich sie, »ich schaue doch auch, ohne daß Sie läuten, immer wieder zu Ihnen herein.« Langsam wurde sie ruhiger.

Nachdem ich alle Zimmer kontrolliert hatte, begab ich mich wieder zu Herrn Furtner. Eigentlich wollte ich an seinem Bett sitzen bleiben und mir in diesem Zimmer die Glocke einstellen. Auf diese Weise hätte ich ihn beobachten können und doch gehört, wenn in einem anderen Zimmer geläutet wurde. Aber da hatte ich nicht mit Herrn Merker gerechnet. »Bei Ihnen piept's wohl ein bißchen«, schimpfte er, als die erste Glocke ertönte. »Ich möchte schlafen, und die hockt sich daher und läßt die blöde Klingel klingeln!« Ich entschuldigte mich und ging hinaus, ließ aber die Tür einen Spalt offen; so konnte ich wenigstens beim Vorbeigehen horchen, ob Herr Furtner atmete. Die Nacht war sehr unruhig. Ständig mußte ich von einer Glocke zur anderen.

Gegen ein Uhr ging ich, von einer inneren Unruhe getrieben, zu Frau Hertrich. Ich wollte ihr zu trinken geben. Licht wollte ich nicht machen, denn das Bärbelchen schlief so gut, daß ich es draußen schnarchen hörte. Durch das Nachtlicht sind die Zimmer sowieso ein wenig beleuchtet. Leise schlich ich mich an Frau Hertrichs Bett. Sie lag wieder mit offenen Augen da.

»Haben Sie Durst?« fragte ich leise. Sie gab mir keine Antwort. Ich strich ihr über die Hand, aber sie sagte immer noch nichts. Mir fiel auf, daß ihre Hand kalt war. Jetzt machte ich doch das große Licht an. Frau Hertrich lag weiß und wächsern, mit weit aufgerissenen Augen da. Sie war sanft und ohne Todeskampf gestorben. Es lief mir eiskalt über den Rücken. Da hatte ich nun meine erste Tote!

Mit zitternden Fingern schloß ich ihr die Augen. Ich tat alles mechanisch, was ich theoretisch wußte, bisher aber noch nie hatte tun müssen. Bei all diesen notwendigen Dingen fühlte ich dieses endgültige Kalte, das von der Toten ausging.

Grauen überkam mich wieder. Obwohl wir alle diesem armen Geschöpf den erlösenden Tod gewünscht hatten, war es jetzt doch schwer für mich. Vielleicht auch nur, weil ich so alleine war. Ob ich Schwester Thea holen sollte? Sie hatte ja gesagt: »Wenn Herr Furtner oder Frau Hertrich stirbt und Sie nicht allein zurechtkommen, dann können Sie mich ruhig wekken.«

Ich überlegte. Was würde sie wohl von mir denken, wenn ich gleich bei der ersten Toten in Panik geriete? Außerdem bemerkte ich, daß Frau Hertrichs Bett Räder hatte. Ich richtete sie her und fuhr sie in das Sterbezimmer.

Danach hatte ich dringend das Bedürfnis, mich zu setzen, um das Erlebte erst einmal zu verarbeiten. Ich überlegte, wann ich das letztemal bei ihr gewesen war. Es mußte kurz vor der Ankunft des Direktors gewesen sein. Wie konnte sie nur so schnell sterben? War ihre Angst doch ein Vorzeichen gewesen? Da hätte ich sicher mehr aufpassen müssen! Ich machte mir Vorwürfe. Aber gleichzeitig wußte ich, daß ich sie, auch wenn ich neben ihrem Bett gestanden wäre, nicht hätte retten können.

Aber lange hielt es mich nicht im Stationszimmer. Herr Furtner fiel mir ein. Hoffentlich passiert mir mit ihm nicht das gleiche, dachte ich voller Unruhe. Aber er überstand die Nacht. Als ich am Morgen noch einmal nach ihm schaute, nahm ich still Abschied von ihm, denn es war mir klar, daß er bis zum Abend nicht mehr am Leben sein würde.

Anschließend richtete ich das Brummerl noch für den Kirchgang her. »Host mein Bettvorleger net vergessen?« fragte sie mich. An ihn hatte ich wirklich nicht mehr gedacht.

Während ich mit dem Brummerl beschäftigt war, hatte Frau Reiter dauernd Wünsche. Mit Absicht. Sie wollte, daß ich auch für sie da bin. Diese Eifersucht unter Patienten hatte ich schon zur Genüge kennengelernt.

Endlich konnte ich mich daranmachen, den Abfallsack zu durchsuchen. Es war mir recht, daß mich Schwester Ina dabei erwischte. »Einen seltsamen Magen haben Sie beinander, das muß man Ihnen lassen«, frotzelte sie. »Und Sie haben gute Nerven«, antwortete ich ärgerlich. »Wie kommen Sie eigentlich dazu, das Eigentum der Patientin wegzuwerfen?« – »Das war nur Abfall«, entgegnete sie, aber sie wurde rot dabei. »Dann werden Sie sicher nichts dagegen haben, wenn ich mich davon überzeuge?« Nach kurzer Zeit fand ich das alte, völlig unversehrte, aber verunreinigte Stück, das ich mit nach Hause nahm.

Ich machte mich rasch fertig. Es war sowieso schon später als üblich. Hoffentlich ist zu Hause alles in Ordnung!? Wie immer war ich voller Unruhe. Aber ich hatte mir unnötige Sorgen gemacht. Mein Mann war daheim. »Wo bleibst du denn?« empfing er mich ungeduldig. »Ich muß mich heute bei einer neuen Gesellschaft vorstellen. Gib mir Geld!« Sollte ich das nun glauben, oder war es nur eine Ausrede, um an Alkohol heranzukommen? Ich glaubte ihm und gab, was er verlangte. Er war herzensgut, wenn er nüchtern war.

Bevor ich mich schlafen legte, steckte ich noch Brummerls Bettvorleger in die Waschmaschine. Wenn ich aufstehe, kann ich ihn gleich aufhängen, dachte ich. Aber mit dem Schlafen war heute nichts. Mein Mann war mit dem Auto weggefahren, und das brachte mich jedesmal in Sorge.

Mittags, als die Kinder nach Hause kamen, war er noch immer nicht zurückgekehrt. Rasch versorgte ich die Kinder und lief dann durch die ganze Stadt. Das Auto stand vor seiner Stammkneipe. Ich sagte der Bedienung Bescheid und nahm den Wagen mit. Schließlich brauchte ich ihn, um damit den weiten Weg zum Pflegeheim zurückzulegen. Vorwürfe plagten mich, ich suchte die Schuld bei mir. Sicher war es ein Fehler, nie mit meinem Mann in seine Kneipe zu gehen. Aber daran war wohl meine Erziehung schuld. Mir fehlte auch die Zeit dazu – den Nachmittag verbrachte ich mit meinen Kindern. Wir machten zusammen Hausaufgaben und später Spiele.

Als ich dann zum Dienst mußte, war mein Mann

noch immer nicht da. Auf dem Weg zur Arbeit sah ich ihn dann singend und torkelnd mit ein paar Gleichgesinnten. Ich schämte mich entsetzlich. Morgen werde ich mit ihm über eine Entziehungskur sprechen, nahm ich mir zum soundsovielten Male vor.

5

Das Brummerl war es, das mich heute aufrichtete. Ihre Freude über den sauberen Bettvorleger war groß. Sie schloß mich in ihre Arme und weinte.

In dieser Nacht fiel mir der Dienst besonders schwer. Die Ungewißheit, was mein Mann alles treiben und wann er wieder nach Hause kommen würde, machte mich ganz mürbe. Aber ich mußte hier meine Arbeit tun.

Herr Furtner war noch am Leben. Schwester Thea stand an seinem Bett, als ich meinen ersten Rundgang machte. Sie schaute mich ernst an. Im ganzen Krankenzimmer herrschte gedrückte Stimmung. Schwester Thea sprach leise: »Seine Schwiegertochter war heute noch einmal da, aber er hat sie nicht mehr erkannt.« – »Und, wie war ihr zumute?« fragte ich. »Ich möcht net in ihrer Haut stecken, aber die Reue kommt zu spät. Wir sollen sie benachrichtigen, wenn es soweit ist, auch nachts.« – »Das werde ich nicht tun!« rief ich zornig. Schwester Thea schob mich zur Tür hinaus: »Das werde Se scho tun! Unsere eigenen Gefühle spiele da überhaupt kei Rolle. Wir habe nur unsere Pflicht zu tun und damit baschta! Wenn die Schwiegertochter dabei sein will, wenn Herr Furtner stirbt, dann isch des ihre Angelegenheit, und wir müsse das respektiere. Sie könne mich ja hole, dann mach ich des. Und jetzt wünsch ich Ihne eine gute Wach!« – »Gute Nacht, Schwester Thea«, sagte ich zerknirscht. Wenn sie so stark schwäbelte, dann war sie sehr aufgeregt. Ich nahm mir vor, mich in Zukunft etwas mehr zu beherrschen. Ich war noch viel zu impulsiv!

Zum Glück waren die Patienten heute sehr ruhig. Ich ging wieder zurück zu Herrn Furtner und stellte erschrocken fest, daß Herr Maas nicht im Zimmer war. Herr Merker, der sonst so gut auf ihn aufpaßte, schlief fest. Ich trat auf den Balkon hinaus, denn das war Herr Maas' erster Weg, wenn er den unangenehmen Juckreiz verspürte. Da war er nicht. Also lief ich die Stationen ab, in jedes einzelne Zimmer. In jede Toilette. Nichts. Ich dachte an die Schreckensnacht mit Herrn Seifert und rannte in den zweiten Stock. Aber auch da war er in keinem Zimmer zu finden.

Es blieb mir nichts anderes übrig, als den langen Gang im Parterre Richtung Altenheim abzusuchen. Im Haus zwei war er nicht. Also lief ich weiter Richtung Kapelle. Vor der Kapelle war ein schöner Wintergarten angelegt, dazu eine gemütliche Sitzecke. Im äußersten Winkel, ganz im Dunkeln, saß er. Ein Stein fiel mir vom Herzen. Ich wollte ihn schimpfen, aber das schaffte ich nicht. Der arme Kerl bot ein Bild des Jammers. Er hielt die Hände vor sein Gesicht und klagte: »Ach, de Leis und Fleh machen mich noch ganz kaputt. Iberall beißt's mich so!« »Kommen Sie mit, Herr

Maas, ich werde Ihnen helfen.« Aber er wollte partout sitzen bleiben.

Ich lief rasch zurück. Bei Frau Reiter ging die Glocke. Als ich die Tür öffnete, rief sie mit ihrer schrillen Stimme: »Sagen Sie mal Ihrem Brummerl, sie soll das Licht ausmachen, ich möchte schlafen.« Das Brummerl hatte ihren Bettvorleger in der Hand und sagte: »Schaug bloß, wos der für a scheene Farbn hot, des hob i davor gar net gseng.« – »Das glaube ich dir, daß du das nicht gesehen hast!« schrie Frau Reiter, »dazu war er viel zu dreckig!« Ich streichelte das Brummerl: »Was meinst, wie schön der bei Tageslicht aussieht, da kannst du die leuchtenden Farben erst richtig bewundern.« – »Moanst?« – »Ja, sicher, aber jetzt sei lieb und geh schlafen!«

»Was ist denn jetzt eigentlich mit meinen Schallplatten, Sie Sprüchmacherin?« fragte Frau Reiter plötzlich. »Gestern haben Sie es mir versprochen, sie heute zu ordnen.« – Was nun? Herr Maas saß im Wintergarten, und hier müßte ich mein Versprechen einhalten. Gequält sagte ich: »Frau Reiter, ich mache schnell noch einen Rundgang, dann werde ich noch einmal zu Ihnen hereinschauen.« Aber da kam mir unerwartete Hilfe vom Brummerl. »Sog amol, du Henna, du greißliche, eben noch host gschrien, weil i mein Teppich ogschaut hob, und jetzt mechst deine saudumma Schallplatten gricht ham, du spinnst wohl a wengerl, ha? Nichts da, jetzt werd des Licht ausgmacht und gschlofa, host mi! Und du«, sagte sie nun zu mir, »schaugst jetzt, das'd weiterkimmst.« Frau Reiter brabbelte noch etwas vor sich hin, gab aber dann nach. Ich mußte lachen, als das Brummerl mir zublinzelte. So dumm, wie die tut, ist sie nicht, dachte ich belustigt.

Als ich nach Hause kam, saßen die Kinder verstört am Frühstückstisch. »Was ist denn hier los?« fragte ich. Weinerlich antwortete Inge: »Papa ist böse auf dich, weil du ihm gestern das Auto vor seiner Kneipe weggeholt hast!« Gleichgültig erwiderte ich: »Ich mußte schließlich in die Arbeit damit!« – »Das habe ich ihm ja auch gesagt, aber er ist so sauer, Mami, bitte, geh lieber ein bißchen spazieren!« – »Quatsch! Ich mache euch jetzt erst einmal ein ordentliches Frühstück, ihr sitzt ja vor leeren Tassen!«

Plötzlich schoß mein Mann in die Küche. Ohne ein Wort zu sagen, schubste er mich ins Schlafzimmer. Dort gab er mir wortlos zwei Ohrfeigen. Ich biß die Zähne zusammen. Die Kinder sollten nichts merken. Er holte noch einmal aus und schlug brutal zu, dabei schrie er: »Wenn du mir den Wagen noch ein einziges Mal wegholst, bring ich dich um!« Die Tür flog auf, die Kinder stürmten herein: »Papa, Papa, bitte, bring doch die Mami nicht um!« Alle fünf hingen an mir, bereit, die Schläge für mich einzustecken. Mein Mann schaute verdutzt: »Haut ab, ich tue eurer Mutter nichts!« Die Kinder waren kreidebleich. Es tat mir körperlich weh, sie so leiden zu sehen. Mein Mann stürzte zur Wohnungstür hinaus.

»Bitte, Mami, laß dich doch scheiden!« klagte Anna. »Aber Kinder, beruhigt euch, euer Vater ist nicht böse, er ist nur krank, da darf ich ihn doch nicht gleich verlassen.« Anna schluchzte: »Ich heirate nie!« – »Kindchen, man soll nie nie sagen!« meinte ich scherzend. »Macht euch jetzt keine Sorgen, ich werde wegen Papa einmal mit unserem Hausarzt sprechen.«

Anna war schon fünfzehn und mußte häufig kränkende Bemerkungen von meinem Mann hinnehmen. Zum Beispiel: »In deinem Alter verdienen andere schon und unterstützen die Familie. Das Fräulein Tochter ist sich zu fein dazu. Sie muß in die Handelsschule gehen und den Eltern auf der Tasche liegen.« Wie schon nach ähnlichen Szenen, kam sie nun wieder einmal mit einer Annonce, die sie tags zuvor in der Zeitung gelesen hatte. »Mami, willst du mir nicht wenigstens zuhören?« – »Bitte, Anna, hör auf, du weißt genau, ich will, daß du die Handelsschule beendest!« Sie blieb hartnäckig: »Aber es geht doch darum, daß ich Sprechstundenhilfe werde!« – »Ja, natürlich!« – »Na siehst du, in der Zeitung steht, daß man eine Sprechstundenhilfe zur Ausbildung sucht, mittlere Reife ist nicht unbedingt erforderlich. Wenn ich angenommen werde, muß ich ja sowieso noch drei Jahre in die Berufsschule, in die Klasse der Sprechstundenhilfen.« Sie hatte sich anscheinend schon informiert. »Ich werde mich heute Nachmittag mal darum kümmern«, versprach ich.

Haß stieg in mir auf. So durfte es nicht weitergehen. Ich mußte etwas unternehmen. Von dieser Sucht mußte er weg, schon um der Kinder willen.

Wieder einmal konnte ich nicht einschlafen. Die

Jahre, in denen er mit Alkoholismus belastet war, liefen wie ein Film vor meinen Augen ab. Ich mußte mir eingestehen, daß es von Jahr zu Jahr schlimmer geworden war. Vor allem aber hatte eine Persönlichkeitsveränderung mit ihm stattgefunden, denn nie hätte er mich früher geschlagen.

Der Arzt, dessen Anzeige Anna gelesen hatte, kannte mich aus dem Pflegeheim und freute sich, eine meiner Töchter einstellen zu können. Trotzdem machte ich mir noch Gedanken. War es richtig, Anna von der Schule zu nehmen? Eigentlich lernte sie recht gut. Die Lehrer waren zufrieden mit ihren Leistungen. Nur, sie war so zart und durchsichtig. Die dauernden Auseinandersetzungen in der Familie setzten ihr zu. Morgen sollte sie sich erst einmal vorstellen. Die letzte Entscheidung mußte sie dann selber treffen.

Mein Mann kehrte am späten Nachmittag in einem Zustand zurück, den ich besonders fürchtete: nicht betrunken, nur angeheitert. Inge mit ihren dreizehn Jahren baute sich vor ihm auf und drohte angriffslustig: »Wenn du die Mami noch einmal schlägst, hole ich die Polizei!« Mein Mann bekam große Augen. Schnell stellte ich mich zwischen die beiden und sagte eindringlich: »Aber Inge, Papa hat mich doch gar nicht geschlagen!«

»Ach Mami, für den brauchst du nicht zu lügen, oder glaubst du wirklich, wir hätten das heute morgen nicht alle mitbekommen? Du meinst immer, deine Kinder sind noch so klein und dumm. Wir sind groß genug, daß wir dich in Zukunft vor dem da beschützen werden.« Das klang so abfällig, daß selbst mir das Blut in den Adern gerann. Wortlos holte mein Mann aus und gab Inge eine Ohrfeige, daß sie zu Boden fiel. Schnell war sie wieder auf den Beinen und schrie: »Wenn du meinst, du mußt mich schlagen, bitte, aber rühr nie wieder die Mama an, sonst werde ich dich umbringen!« Sie zitterte am ganzen Körper und fing an zu heulen. Mein Mann ließ sich ernüchtert in den nächsten Sessel fallen und heulte mit. Er versprach mal wieder, nie mehr einen Tropfen Alkohol anzurühren. Und ich glaubte ihm mal wieder.

Ich richtete den Kindern das Abendessen her und fuhr beruhigt in meinen Dienst. Denn nach solchen Auftritten war mein Mann besonders lieb zu den Kindern und blieb auch zu Hause.

6

Schwester Thea, die Spätdienst hatte, empfing mich mit der Nachricht: »Herr Furtner hat es überstanden. Er ist heute morgen um neun Uhr gestorben.« Ich war erleichtert. Sicher würden die Nächte jetzt weniger aufregend werden.

Wie üblich brachte ich das Brummerl ins Bett und machte mich dann zu meinem ersten Rundgang auf. Als ich in Bärbelchens Zimmer kam, stellte ich fest, daß sie noch hellwach war. »Was ist denn los, Bärbelchen, können Sie heute nicht einschlafen?« fragte ich besorgt. »Ach, bitte, geben Sie mir doch meine Hausschuhe!« antwortete sie. Noch während ich mich bückte, um ihrer Aufforderung nachzukommen, dachte ich: Das hat sie doch noch nie gewollt! Aber da spürte ich schon einen harten Schlag am Hinterkopf. Sie hatte mit dem Telefonhörer zugeschlagen. Unsere Patienten haben statt einer Glocke alle ein Telefon. Das hat den Vorteil, daß sie ihre Wünsche gleich äußern können.

Schnell richtete ich mich wieder auf, mußte dabei aber gleich einer Vase ausweichen, die sie nach mir warf. Mit allem, was sie erreichen konnte, schlug und warf sie nach mir. Ich rannte hinaus und sperrte die Tür ab. Kaum hatte ich den Schlüssel umgedreht, als sie auch schon wie eine Wahnsinnige an der Türklinke herumriß.

Was tun? Die Stationsschwester mußte das entscheiden. Es war ja auch erst kurz nach zwanzig Uhr, sicher war sie noch wach. Ich lief also hinunter und klopfte an ihre Tür. »Was ist los?« fragte sie. »Ich glaube, unser Bärbelchen ist verrückt geworden!« – »Warum?« – »Sie wirft mit allem um sich!« – »Gehen Sie wieder hinauf, ich werde den Arzt anrufen«, bestimmte Schwester Thea.

Zurück auf der Station, sperrte ich die Tür vorsichtig wieder auf. Durch einen Spalt linste ich hinein: Das Zimmer war ein einziges Schlachtfeld. Nichts stand mehr an seinem Platz. Sie hatte sich total entblößt, in ihre Bettschüssel uriniert und zog das Toilettenpapier streifenweise durch die Schüssel. Diese nassen Streifen versuchte sie mir dann, nachdem ich mich wieder hereingetraut hatte, ins Gesicht zu werfen. Das schien ihr viel Freude zu bereiten, denn sie quietschte vor Vergnügen. Dazwischen schlug sie mich, wobei sie Bärenkräfte entwickelte. Schwester Thea war mir inzwischen zu Hilfe geeilt: »Der Doktor ist unterwegs«, flüsterte sie mir zu.

Selbst zu zweit gelang es uns nicht, ihr etwas anzuziehen. Sie schlug wild um sich. Ich wollte im Zimmer ein wenig Ordnung machen, aber Schwester Thea meinte: »Verändern Sie nichts, der Doktor will sehen, was sie angerichtet hat.«

Eine Ewigkeit schien es zu dauern, bis er endlich unten vorfuhr. Er griff sogleich zum Telefon und rief die Polizei an. »Wir haben eine Einweisung in die Nervenheilstätte!« hörte ich ihn sagen. »Aber nicht mit dem Krankenwagen, ihr müßt mit der grünen Minna kommen, die Patientin tobt!«

Dann schrieb er die Einweisung. Schwester Thea und ich holten das Bärbelchen, denn die Patientin muß, so verlangt es das Gesetz, die Einweisung in die Nervenheilstätte selbst unterschreiben. Willig griff sie nach dem Kugelschreiber, um, wie wir zunächst annahmen, das Papier zu unterschreiben. Aber sie entschädigte mich schnell noch für die erlittenen Schläge. Flink warf sie den Kugelschreiber auf den Tisch und verabreichte dem Doktor eine Ohrfeige von einer Stärke, wie ich sie den ganzen Abend nicht erwischt hatte. »Sie können ruhig lachen«, wandte er sich an mich. »Haben Sie sich verdient, Sie sehen ja auch ziemlich mitgenommen aus.«

Jetzt fuhr die Polizei mit der grünen Minna und sechs Mann vor. Keiner von ihnen kam ungeschoren davon.

Das Bärbelchen verlangte etwas zu trinken. Ich holte ihr ein Glas Wasser, hielt es jedoch fest und wollte sie trinken lassen. Blitzschnell riß sie mir das Glas aus der Hand und schüttete es einem der Polizisten ins Gesicht. »Na warte!« – »Was heißt hier na warte?« fragte ich, um mein Bärbelchen besorgt. »Nichts heißt das«, antwortete er giftig, »aber Sie werden doch gestatten, daß wir der Patientin eine Zwangsjacke verpassen. Wir müssen schließlich achtzig Kilometer mit ihr fahren, und dabei soll ja sie und auch wir heil ankommen. Ist dagegen etwas einzuwenden?« Ich mußte lachen: »Nein, nein, sorgen Sie nur für Ihre Sicherheit!« Der Arzt forderte nun Schwester Thea, mich und zwei Beamte auf, ersatzweise unsere Unterschrift unter die Einweisung zu setzen.

Ich hatte dann neben der Läuterei noch die ganze Nacht zu tun, das Zimmer von Bärbelchen wieder in Ordnung zu bringen.

Am Morgen, als ich die Patienten waschen mußte, war mir elend zumute. Ich dachte an meine Kinder, um derentwillen ich diesen aufreibenden Nachtdienst übernommen hatte. – Wir brauchten dringend eine zweite Nachtschwester. Denn augenblicklich mußte ich elf Nächte Dienst tun und anschließend hatte ich nur drei Nächte frei. Das war nur eine Zwischenlösung. Der Chef und die Heimleiterin bemühten sich redlich, eine Schwester zu finden, die mit mir im Wechsel von sieben Nächten arbeiten würde. Selbst Schwester Alma, die meine drei freien Nächte übernommen hatte, klagte: »Ich schaffe das nicht mehr, in meinem Alter, sucht euch eine Neue!«

Zu Hause war es diesmal sehr gemütlich und harmonisch. Die Familie saß bereits am Kaffeetisch, als ich kam. Man wartete nur noch auf mich und die frischen Semmeln. Sofort hatte ich gute Laune, und die schwere Nacht war vergessen.

»Mensch, Mutti, siehst du heute gut aus«, rief Inge,

»sonst bist du immer so blaß, wenn du aus dem Nachtdienst kommst, aber heute hast du direkt rote Backen.« – »Ja, wirklich«, staunte nun auch Hansi, »schön schaust' aus.« Ich überlegte. Wollten mir die Kinder heute Honig um den Bart schmieren? Aber dann fiel mir die vergangene Nacht ein, und ich mußte herzhaft lachen. »Wieso lachst du denn?« fragte mein Mann. »Weil ihr meine roten Backen bewundert. Die habe ich nämlich vom Bärbelchen.« – »Wer ist denn das?« wollte er wissen. »Eigentlich ein armer Mensch. Wir mußten sie heute nacht in die Nervenheilstätte bringen lassen, aber vorher hat sie ihre Handschrift noch ein wenig an mir ausprobiert, daher die roten Wangen.« Alle lachten mit.

Heute gingen die Kinder voll Elan in die Schule. Wenn zu Hause alles in Ordnung war, dann lernten sie auch gut. Anna mußte die Schule nur noch eine Woche besuchen, dann durfte sie bei dem Arzt ihre Lehrstelle antreten.

Kaum waren die Kinder aus dem Haus, kam mein Mann geheimnisvoll lächelnd mit einem Brief in der Hand und sagte: »Getrunken hat dein Mann auch nicht!« – »Was ist das?« fragte ich gespannt. Ich nahm den Brief aus dem Umschlag. Erfreut las ich, daß er einen Arbeitsvertrag mit einer Versicherungsgesellschaft unterschrieben hatte. »Na, wenn du da durchhältst, könnte es mit uns vielleicht noch einmal bergauf gehen«, schmunzelte ich. »So etwas verderbe ich uns nicht, ich verspreche dir, das werde ich schaffen.« Gerne glaubte ich ihm.

Als ich mittags aufstand, hatte mein Mann bereits liebevoll den Tisch gedeckt und das Essen gewärmt. Besser hätte ich es auch nicht herrichten können. Am Nachmittag spielten wir mit den Kindern. Endlich waren wir wieder eine glückliche Familie. Energiegeladen ging ich am Abend in meinen Dienst.

7

»Wir haben einen Neuzugang, in Herrn Furtners Bett!« empfing mich Schwester Thea. »Herr Heinrich ist achtzig Jahre alt und war einmal ein höherer Beamter. Mit etwas Hilfe kann er laufen. Seine Arme sind noch sehr kräftig.« Sie schmunzelte dabei, sagte aber sonst nichts mehr.

»Guten Abend allerseits«, sagte ich beim Betreten des Zimmers. Ein weißhaariges, verschmitzt schauendes Männchen saß aufrecht in seinem Bett und schaute mir erwartungsvoll entgegen. Ich ging an sein Bett, gab ihm die Hand: »Sie sind also der Neue; Herr Heinrich, nicht wahr?« Ich wartete auf eine Antwort, aber er lächelte nur verheißungsvoll. Ich lächelte zurück. Plötzlich hob er seine Bettdecke und flötete mit einem charmanten Augenaufschlag: »Kimm, geh eini, i heirat di!« – »Geh, alter Aff', was soll der Blödsinn!« Verletzt ließ der alte Mann seine Bettdecke wieder fallen, er war mir böse.

Herr Maas und Herr Heinrich waren von Anfang an nicht gut aufeinander zu sprechen. Denn Herr Heinrich war launisch. Am Tage löste er die schwierigsten Kreuzworträtsel, und am Abend war er mitunter total verwirrt. Vor allem nachts wanderte er im Heim umher und ließ auch manchmal alles unter sich laufen.

Schon in der ersten Nacht hörte ich ein Schlurfen im Gang. Er ging auf wackligen Beinen in einem kurzen Hemdchen, unten ohne, stützte sich dabei krampfhaft am Ganggeländer und zog eine lange Kotlache nach sich. Er war guter Dinge und quietschte vor Vergnügen. »Bleiben Sie bitte stehen, Herr Heinrich, Sie machen mir den Gang schmutzig!« brüllte ich ärgerlich. Aber das störte ihn überhaupt nicht. Schnell holte ich eine Waschschüssel. Inzwischen läutete der zweite Stock. Sollen sie nur läuten, dachte ich, hier kann ich jetzt beim besten Willen nicht weg. Herrn Heinrich gefiel diese Situation offensichtlich sehr gut, denn er fing laut zu singen an. Damit machte er die Patienten im ersten Stock auch noch wach, denn drei Glocken leuchteten gleichzeitig auf.

Ich überlegte kurz. Das Mannsbild zu säubern, würde sicher eine geraume Zeit in Anspruch nehmen. Ich brauchte Hilfe. Kurzerhand rief ich die Haushälterin des Direktors an, denn sie hatte mir schon des öfteren angeboten, wenn es mal brennt, zur Hilfe zu kommen. Ich erklärte ihr, was los war. »Ich komme sofort«, sagte sie freundlich. Diese Frau war stets bereit zu helfen und machte kein Aufhebens davon.

Als sie kam, wollte sie gleich Herrn Heinrich waschen. »Nein, nein, Fräulein Zahn, den Kerl wasche ich schon selber«, rief ich entsetzt. »Für die Dreckarbeit habe ich Sie wirklich nicht herübergebeten. Ich kann jetzt nur die Glocken nicht erledigen und wäre

Ihnen dankbar, wenn Sie mir das abnehmen könnten.« – »Gern«, sagte sie und lief gleich los.

Herr Heinrich machte es mir schwer. Er hatte den Korb, den ich ihm am Abend gegeben hatte, nicht vergessen und war fortwährend eklig zu mir. Ich atmete auf, als er wieder im Bett lag.

»Was war denn oben los?« fragte ich Fräulein Zahn nach getaner Arbeit. Sie lachte: »Ach, das Brummerl hatte wieder rheumatische Schmerzen und wollte eingerieben werden!« – »Hat sie etwa geschimpft?« erkundigte ich mich weiter, Unheil ahnend. Fräulein Zahn versuchte das Brummerl zu imitieren: »›Wo is 'n die Nachtschwester? Dich Kaibe wollt i net!‹ Bei der haben Sie wohl einen Stein im Brett?« – »Ach, i wo. Ich hab mich nur von Anfang an nicht von ihr schlagen lassen, das hat ihr wahrscheinlich imponiert.«

»Wissen Sie eigentlich, daß Frau Brummer zu Hause einen großen Bauernhof hatte?« – »Nein, woher sollte ich das wissen?« Die Sache interessierte mich: »Was ist denn jetzt damit? Hat sie Angehörige, die sich darum kümmern?« – »Ja, ihr Bruder bewirtschaftet das Anwesen. Aber leider besucht er seine Schwester sehr selten.« – »Aha, dann ist das bestimmt der Grund, warum das Brummerl manchmal gar so grantig ist. Sicher macht sie sich um ihren Hof Sorgen!«

Es war nun wieder an der Zeit, einen Rundgang zu machen. Frau Töpfer, ebenfalls eine MS-Kranke, hatte ihr Mikrofon nicht in der richtigen Höhe. »Ich weiß nicht, was da heute los ist!« klagte sie. »Ich blase nun schon eine Viertelstunde hinein, aber die Glocke läßt sich nicht betätigen. Würden Sie bitte mal nachschauen!« – »Gern, Frau Töpfer!« Ich stellte das Mikrofon in die richtige Höhe.

Die Patientin war sehr beliebt bei uns Schwestern. Obwohl ihre Krankheit sie bereits zur Gänze gelähmt hatte, war sie nie ungeduldig oder unfreundlich. Da sie sogar ihre Hände nicht mehr bewegen konnte, hatten wir dieses Mikrofon etwa zwanzig Zentimeter von ihrem Mund entfernt angebracht. Allerdings brachte das den Nachteil mit sich, daß auch durch Niesen oder Husten die Glocke in Gang gesetzt wurde, was der bescheidenen Frau peinlich war.

»Sagen Sie, Schwester Elfi, ist mein Mann noch im Hause?« – »Wieso?« fragte ich. Herr Töpfer saß abends oft lange am Bett seiner Frau, um ihr die Nacht etwas zu verkürzen. »Ich habe sein Auto heute nicht wegfahren hören.« Ich schaute hinunter auf die Straße. Sein Wagen war nicht zu sehen. Vielleicht hielt er noch mit Schwester Ina ein Schwätzchen, denn sie bemühte sich rührend um die Kranke. »Wissen Sie was, Frau Töpfer, ich werde bei Ihnen zu Hause anrufen. Wenn Ihr Gatte nicht zu Hause ist, kann mir Ihre Tochter sicher sagen, wo er ist.« Ich lief ins Stationszimmer und rief Herrn Töpfer an, dem ich zunächst den Grund meines Anrufes erklärte. »Sagen Sie meiner Frau bitte, daß ich heute zu Fuß gegangen bin, weil das Wetter so angenehm war. Sie soll sich beruhigen.«

»Na fein«, sagte Frau Töpfer, nachdem ich ihr das ausgerichtet hatte, »wenigstens funktioniert mein Gehör noch! Ich danke Ihnen, Schwester Elfi!«

Als ich in das Zimmer von Frau Finster kam, zischte diese: »Sch, sch!« Leise trat ich an ihr Bett. Sie lachte verhalten und deutete hinüber zu ihrer Nachbarin. Auch eine Seltenheit, daß die Frau lacht, dachte ich bei mir, meistens weint sie doch. Ich schaute zu Frau Hiescher hinüber. Sie hatte mich auch erblickt und rief: »Tun Sie mal die ekelhaften Schlangen aus meinem Bett und sagen Sie der Frau Finster, sie soll endlich ihre schweren Wehrmachtstiefel ausziehen. Bei dem Getrampel kann ja kein Mensch einschlafen.« – Heute scheinen hier alle verwirrt zu sein, ging es mir durch den Kopf.

Frau Finster kicherte noch immer: »Die erzählt schon die ganze Zeit einen solchen Schmarrn!« Ich rüttelte Frau Hiescher, weil ich glaubte, sie sei im Halbschlaf. Hellwach jedoch erzählte sie weiter: »Schau'n Sie mal, jetzt sind sie wieder alle auf dem Baum da!« – »Auf welchem Baum?« staunte ich. »Na, auf dem da!« Sie deutete auf den Kastanienbaum, den sie von ihrem Fenster aus sehen konnte. In der Dunkelheit sah man, wie sich die Baumkrone im Wind bewegte. Das weckte wahrscheinlich ihre Phantasie. »Wissen Sie, da wohnt nämlich 'ne ganze Familie mit ihren Kindern«, fing sie wieder an. Jetzt wurden mir die Märchen aber doch zuviel. Ich zog die Vorhänge zu und holte ein Beruhigungsmittel. »So, jetzt wird aber geschlafen!« bestimmte ich energisch, bat aber Frau Finster mich zu benachrichtigen, falls sie noch einmal anfangen sollte.

Das Mariechen war klein und zierlich, aber tükkisch. Wenn sie ihre Wutanfälle bekam, dann... Frau Stempel, ihre Zimmergenossin und unser aller Liebling, saß am Tisch und blätterte in einer Illustrierten. Wie ein kleines Mädchen deutete sie auf die bunten Bilder und sprach dazu: »Ui, ein Kuchen, ist der aber schön. Der ist mit Liebe gebacken. Da kriege ich auch was ab.« Sie grabschte mit den Fingern auf dem Papier herum und versuchte, ihn herauszubekommen. Nachdem das nicht gelang, beugte sie ihr Gesicht herunter und wollte in das Papier beißen.

»Schläfst du jetzt endlich!« schrie das Mariechen aufgebracht. Ihre langen Zöpfe waren aufgelöst. Vermutlich hatte sie schon versucht, Frau Stempel in ihr Bett zu bringen. Mariechen stand auf und ging zum Tisch. Da hatte die korpulente Frau Stempel aber schon umgeblättert. Ein leicht bekleidetes Mädchen war da in voller Schönheit abgebildet. »Ja, schämst du dich denn gar net, du Nackedei«, schimpfte Frau Stempel. Sie deutete mit dem Finger auf das Mädchen. Mariechen schaute ihr über die Schulter und bekam dann den von uns gefürchteten Wutanfall. Mit schriller Stimme schrie sie: »Da schau mal her, Schwester, ich will schlafen, und die schaut sich die nackerten Weiber an!«

Wie eine Wilde wollte sie sich auf das alte Mütterchen stürzen. Ich ging dazwischen: »Komm, jetzt müssen Sie aber schlafen gehen!« – »Nein, ich will nicht«, kam die trotzige Antwort. »Niemand nimmt Ihnen Ihr Heftchen weg, und morgen ist auch noch ein Tag.« Ich gab mir redlich Mühe, das Zwei-Zentner-Weiberl ins

Bett zu bekommen. Aber eher hätte ich eine Walze wegschieben können als Frau Stempel. »Du willst bloß meinen Kuchen essen, du fade Maid!« zeterte sie ärgerlich. »Du vergönnst mir nichts. Ich schau das jetzt fertig an, dann gehe ich ins Bett.«

Damit gab ich mich zufrieden. Das mußte ich auch, denn wenn Frau Stempel ihren Sturschädel aufhatte, war nichts zu machen. Ich ging hinaus, wollte mich aber etwas später davon überzeugen, ob sie Wort gehalten hatte. Inzwischen ruhte ich mich im Stationszimmer etwas aus.

Eine halbe Stunde später vernahm ich lautes Streiten. Schnell öffnete ich die Tür. Frau Stempel hatte das Mariechen an den Haaren erwischt und zog heftig daran; Mariechen hatte die Zeitschrift in der Hand. Einige Seiten waren herausgerissen. Ich wollte die Streithähne auseinanderbringen, doch das gelang mir nicht. Mariechen schrie vor Schmerz, holte aus und wollte mir eine Ohrfeige geben. Ich wich aus. Ihre Hand schlug voll in Frau Stempels Gesicht. Erschrocken wartete ich auf eine Gegenreaktion. Aber es geschah nichts. Frau Stempel drängte nur zu ihrem Bett. Damit war der Kampf für die beiden beendet.

Am Morgen beim Waschen stellte ich mit Genugtuung fest, daß mir die Arbeit mittlerweile bedeutend schneller von der Hand ging. Ich dachte an zu Hause. Dabei putzte ich das Gebiß einer Patientin und wollte es ihr eben geben, als ihre Nachbarin »halt, das ist doch meins!« schrie. – Himmel, dachte ich, man darf doch keinen Augenblick mit seinen Gedanken woanders sein, sofort macht man einen Fehler.

Beim Brummerl und bei Frau Reiter war ich etwas eher fertig als sonst und bot deshalb dem Brummerl an, es in die Kapelle zu begleiten. Arm in Arm gingen wir zum Aufzug. Wie schön doch das Brummerl laufen konnte, dachte ich glücklich, als wir durch den langen Gang zur Kapelle gingen. Es kam mir überhaupt so vor, als ob ihr Zustand sich etwas gebessert hätte. Einige Meter vor der Kapelle kam uns der Direktor entgegen, er grüßte freundlich. Plötzlich wurde das Brummerl ganz schwer. Sie hinkte und stöhnte ganz erbärmlich. »Um Himmels willen, Brummerl, was ist dir denn?« fragte ich mitleidig. Ich machte mir ernstlich Sorgen. Da stöhnte sie noch einmal laut auf. Der Direktor schaute her. »Was hast du denn, Brummerl?« sorgte ich mich. Sie versetzte mir einen Stoß und flüsterte: »Hoit bloß du dei bleeds Maul!« Der Direktor kam auf sie zu: »Geht es Ihnen nicht gut, Frau Brummer?« – »O mei, so elend bin i, daß i kaum mehr hatschen ko«, jammerte sie. »Ja, dann bleiben Sie doch in Ihrem Bett. Das will unser Herrgott sicher nicht, daß Sie krank in die Kirche gehen.« – »Na, na, Herr Direktor, in mei Kirch mecht i scho gehn. I mecht ja in Himmi kumma!« – Wie scheinheilig ihre Stimme klang. So ein Luder. Nur Mitleid schinden wollte sie. Ich nahm mir vor, sie bei Gelegenheit darauf anzusprechen. Stöhnend schlich das Brummerl in die Kapelle.

Als ich am gemeinsamen Frühstückstisch die Geschichte mit dem Gebiß erzählte, lachten meine Söhne zwar schallend, aber mein Mann sprang angeekelt auf und rief: »Das ist ja ein Scheidungsgrund, so etwas beim Frühstück zu erzählen.« Ich war entsetzt über seine Reaktion. Wenig später verließ er wütend das Haus. Ich machte mir Vorwürfe. Nie wieder würde ich im Beisein meines Mannes vom Pflegeheim erzählen. Die Kinder fragten mittags nicht mehr, denn wenn Vater nicht am Tisch saß, wußten sie Bescheid.

Es blieb mir also nichts anderes übrig, als am Nachmittag wieder einmal nach dem Auto zu suchen. Diesmal nahm ich mir vor, meinen Mann davon zu informieren, damit ich mir nicht wieder Ärger einhandelte. In seinem Stammlokal, einer widerlichen Kneipe, traf ich ihn schließlich. Am liebsten hätte ich geheult, als ich ihn inmitten seiner Trinkbrüdern johlen sah.

Die Kinder merkten natürlich sofort, daß es etwas gegeben hatte. Sie kannten mich, und ich kann mich schlecht verstellen. »Leg dich doch noch ein halbes Stündchen hin«, sagte Inge besorgt. »Soll ich ihm mal wieder richtig die Meinung sagen?« fragte sie dann geradeheraus. Erschrocken rief ich: »Bitte, Inge, versprich mir, daß du still bist, denn heute ist er sicher aggressiv, außerdem wird es bestimmt spät werden, bis er nach Hause kommt.« »Mach dir nur keine Sorgen, Mami, ich bin schon vernünftig.«

8

Mit gemischten Gefühlen fuhr ich zum Dienst. Ich hoffte, den Direktor zu erreichen. Ich mußte einfach mit ihm reden. Er leitete nicht nur dieses Heim, sondern auch etliche Kindergärten und eine Beratungsstelle für Suchtkranke.

Die Gelegenheit ergab sich dann ganz von selbst, denn ich traf ihn vor dem Pflegeheim. Als er mich sah, sagte er freundlich: »Guten Abend, Schwester Elfi, haben Sie etwas auf dem Herzen? Wird Ihnen die Arbeit bei uns zu schwer? Soviel ich gehört habe, sind Sie bei den Patienten beliebt.« – »Ach, das ist es nicht, Herr Direktor, ich habe private Sorgen.« – »Was haben Sie denn für Sorgen, trinkt er wieder?« Verwundert schaute ich meinen Chef an; ich war sprachlos. »Sie brauchen nicht zu erschrecken«, sagte er freundlich, »ich weiß längst, mit welchen Schwierigkeiten Sie zu kämpfen haben. In so einer kleinen Stadt spricht sich alles schnell herum. Ich habe kürzlich mit Ihrem zuständigen Pfarrer beratschlagt, wie wir Ihnen helfen können.« Schüchtern stotterte ich: »Und ich wollte Sie heute um Hilfe bitten.« Einerseits war es mir peinlich, daß er alles wußte, andererseits war ich froh, ihm nicht die ganze Geschichte erzählen zu müssen. »Ich habe nur Angst, wenn es so weitergeht, daß ich den Nachtdienst nicht mehr schaffe. Wenn ich tagsüber nicht zum Schlafen komme, dann kann ich bald nicht mehr!«

Der Direktor überlegte eine Weile, dann fragte er: »Glauben Sie, daß Ihr Mann sich zu einer Entziehungskur entschließen könnte?« – »Eine Entziehungskur? Sie meinen weg von mir und seinen Kindern? Nein, das glaube ich nicht. Er hängt trotz seiner Trinkerei wie eine Klette an uns. Im Grunde ist er nämlich ein feiner Kerl. Der Alkohol hat ihn so haltlos gemacht.« – »Ja, ja, ich weiß, zu Alkoholikern werden nur sehr labile Menschen.«

»Ist ihm denn mit Medikamenten nicht zu helfen?« wollte ich wissen. »Ja, es gibt Tabletten, aber da habe ich schon schlechte Erfahrungen gemacht. Heimlich dürfen sie nicht verabreicht werden, denn in Verbindung mit Alkohol können sie zu schweren gesundheitlichen Schäden führen. Ja, und freiwillig nehmen die Kerle sie meistens nicht.« Lächelnd fuhr er fort: »Ich kannte mal einen inzwischen trockenen Alkoholiker, der hat diese Tabletten vor den Augen seiner Frau eingenommen, sie dann unter die Zunge geschoben, bis sein braves Weibchen annahm, daß er sie geschluckt hat. Anschließend hat er sie ausgespuckt und ist frischfröhlich in seine Stammkneipe marschiert.« Ich mußte lachen, denn das traute ich meinem Mann auch ohne weiteres zu. Darum fragte ich: »Wie lange dauert denn so eine Entziehungskur?« – »Ein halbes Jahr!« –

»Was, so lange? Kann man dann wenigstens mit einem Erfolg rechnen?« – »Das ist nie sicher. Es kommt darauf an, ob er im fortgeschrittenen Stadium ist. Eine Garantie gibt es nie. Die Familie kann dabei sehr helfen, aber da fehlt es ja bei Ihnen an nichts.«

Der Chef lenkte nun ab: »Wissen Sie eigentlich, daß Sie angegriffen aussehen, seit Sie bei uns arbeiten?« – »Das glaube ich, die Nächte hier haben es in sich. Am Anfang war ich drauf und dran, alles wieder hinzuwerfen. Aber jetzt habe ich mich schon an den Streß gewöhnt. Wenn nur der ständige Ärger mit meinem Mann nicht wäre. Die Kinder lernen auch immer schlechter in der Schule!« – »Jetzt passen Sie mal auf«, überlegte der Direktor. »Wann ist ihr Mann am besten zu Hause zu erreichen?« – »Jetzt in seiner neuen Stellung ist er am Nachmittag öfter daheim.« – »Gut, ich werde Ihnen in den nächsten Tagen unsere Sozialarbeiterin, Frau Bauer, ins Haus schicken.« – »Das ist lieb von Ihnen, aber wenn ich ehrlich bin, viel verspreche ich mir davon nicht. Denn wenn mein Mann von einer halbjährigen Trennung hört, spielt er sicher verrückt.« – »Es gibt auch Zwangskuren«, entgegnete der Chef, »aber da müßten Sie nachweisen, daß er Sie schlägt, tut er das denn?« Mein Schweigen schien ihm mehr zu sagen als Worte. »Also das auch noch. Da kann ich mich wirklich nur noch wundern, daß Sie die schweren Nächte bei uns schaffen. Wir werden es aber trotzdem mit einer freiwilligen Kur versuchen, denn ich kann mir nicht vorstellen, daß Sie irgendwo zugeben würden, daß Ihr Mann Sie schlägt!« – »Da haben Sie recht.«

Nach dem Gespräch war mir leichter ums Herz. Als ich auf die Station kam, wirkte Schwester Thea sehr mitgenommen. Ich schaute den Gang entlang und wußte, warum. Vier Glocken leuchteten auf, und der zweite Stock läutete ebenfalls. »Ich weiß gar net, was heut in die Leut gfahre isch, des hört net uff zu läute. Einen Neuzugang haben wir auch.« – »Wo?« – »In Bärbelchens Zimmer, gehen Sie gleich mal hinein, die fühlt sich einsam da drinnen.« – »Was fehlt ihr denn?« – »Ja, mei, sie ist neunzig Jahre alt und sklerotisch.«

Rasch erledigte ich meine erste Amtshandlung, das Schließen der Türen und Fenster. Kaum war ich im Pflegeheim zurück, sagte Schwester Thea: »Sie können gleich weiterrennen!« Es läutete schon wieder im ersten und zweiten Stock. »Ich glaube, das liegt am Reis«, sagte sie; »wenn die Reis gegessen habe, dann höre die net uff zu pinkeln.« So hatte ich dann noch eine halbe Stunde zu tun, bis ich das Brummerl endlich ausziehen konnte.

Anschließend machte ich mich daran, mein Versprechen einzulösen und Frau Reiters Platten zu ordnen. Ich hatte kaum angefangen, da läutete es schon wieder. Als ich hinaus wollte, rief Frau Reiter: »Wo wollen Sie denn hin?« – »Es hat geläutet, Frau Reiter, da muß ich gehen.« – »Das macht mich nervös, wenn Sie jetzt dauernd weglaufen wollen!« – »Das tut mir leid, aber dann müssen Sie sich die Platten von Ihren Angehörigen ordnen lassen. Denn um die anderen Patienten muß ich mich auch kümmern.« – »Dann räumen Sie die Schallplatten wieder ein und gehen Sie hin, wo der

Pfeffer wächst, Sie sind auch nicht besser als die anderen Schwestern!« schrie sie unbeherrscht. Ich wollte ihr noch erklären, daß doch alle das gleiche Recht hätten, aber sie hatte sich schon zur Seite gedreht und nahm überhaupt keine Notiz mehr von mir. Dann eben nicht, du unsympathisches Luder. Aber im gleichen Moment tat sie mir schon wieder leid.

Ich machte mich nun auf, nach der neuen Patientin zu sehen. Als ich grüßend eintrat, bekam ich keine Antwort. Ein altes Weiblein hing da am Gitter, das Schwester Thea am Bett hochgeklappt hatte. Aus Erfahrung wußten wir, daß das bei neuen Patienten sehr wichtig war. Erst nach einer geraumen Zeit stellt sich heraus, ob Menschen in diesem Alter sich in die neue Umgebung einfinden. Frau Walter war ohnehin nicht mehr gehfähig.

Sie hatte mich bemerkt und fragte: »Sog amol, host du mei Mutterl net gseng?« – »Nein, die habe ich nicht gesehen!« – Sie winkte mit ihrem knochigen Zeigefinger: »Kimm amol her!« Ich ging hin. »Näher!« Sie zog meinen Kopf zu sich herunter und flüsterte: »Du mußt guat zu mir sein.« – »Ich bin ja gut zu dir!« Jetzt flüsterte sie in mein Ohr: »Woaßt, i kriag a Kind!« – »Was kriegst du?« – »Oh mei, bist du bleed«, rief sie ärgerlich: »Schwanger bin i halt, aber der Vater darf's net wissen!« Wieder einmal verlor ich die Beherrschung und lachte schallend. »Do brauchst gar net so bleed lacha, i bin holt auf 'n Sepp neigfalln!« – »Na gut«, sagte ich, »wir werden dem Vater nichts sagen.« Eigenartig, dachte ich. Aber wir waren es gewöhnt, daß alte Menschen nach der Mutter fragen und sich mit Problemen aus der Jugendzeit herumschlugen.

Frau Walter jammerte weiter. »Oh, mei, was werd des erscht, wenn des der Vater spannt. Werst seng, der haut mi vom Hof. Moanst, daß der Sepp sich um mi kimmert?« – »Freilich wird der sich um dich kümmern, er ist doch ein guter Kerl«, versuchte ich zu beruhigen. »No, ja, freiling ist der liab, moanst, mir hätt ma sonst zehn Kinder mitnander? Wo ist 'n der Sepp überhaps, hot der de Viecha scho gfuattat?« – »Ja, ja, die Viecher sind schon gefüttert«, antwortete ich, froh darüber, daß sie ihre leidige Schwangerschaftsgeschichte vergessen hatte. »Na, dann pfüat di!« »Gute Nacht, Frau Walter.«

Ich wollte in das nächste Krankenzimmer gehen, als ich von oben laute Stimmen hörte. Schnell lief ich die Treppe hinauf. Natürlich – das Brummerl und Frau Reiter. Zuerst blieb ich ein wenig vor der Tür stehen, denn das Gespräch der beiden konnte man bis draußen hören.

»Du stammst doch aus dem Wagen«, sagte Frau Reiter gerade zum Brummerl. »Wos sogst du da, i stamm ausm Wogn? I hab dahoam an großen Bauernhof ghabt!« – »Das kann jeder sagen«, kreischte Frau Reiter, »wer so ordinär ist wie du, der stammt von den Zigeunern ab!« – Jetzt hörte ich nichts mehr. Es war mucksmäuschenstill. Ich wollte mich gerade wieder abwenden, da schrie Frau Reiter laut um Hilfe, gleichzeitig leuchtete ihre Glocke auf. Ich öffnete die Tür. Das Brummerl stand, mit ihrem Stock bewaffnet, an

Frau Reiters Bett und schlug ordentlich zu. Diese hatte ihren Kopf unter der Bettdecke vergraben. Zunächst mußte ich dem wütenden Brummerl den Stock abringen. Frau Reiter steckte ihren Kopf wieder heraus und schrie: »Jetzt können Sie wenigstens einmal sehen, wie sich Ihr liebes Brummerl aufführt! Ich wollte schlafen, und die da schlägt mich grundlos mit ihrem alten Stock!« – Ich wandte mich an das Brummerl und fragte: »Warum hast du denn zugeschlagen?« Sie schwieg bockig, verteidigte sich nicht. »Ja, ja, ohne Grund«, schrie daraufhin Frau Reiter noch einmal. Das Brummerl schlich leise in ihr Bett, aber sie weinte.

Wie froh war ich jetzt, daß ich an der Tür gelauscht hatte! Darum fragte ich Frau Reiter eindringlich: »Also bitte, Frau Reiter, was war los? Sie werden doch nicht im Ernst glauben, daß ich Ihnen das abnehme, daß Frau Brummer Sie ohne jeglichen Grund schlägt!« – »Das können Sie mir schon glauben, die ist einfach aufgestanden und hat mich mit ihrem Stock geschlagen.« – Jetzt wurde ich böse: »Ach nein, so ohne weiteres! Sagen Sie mal, Frau Reiter, für wie dumm halten Sie mich eigentlich?« Ich wollte ihr die Möglichkeit geben, mit der Wahrheit herauszurücken, aber es war vergeblich. »Mei, wir haben uns halt etwas unterhalten.« – »Worüber?« blieb ich hartnäckig. »Was geht Sie das eigentlich an?« schrie Frau Reiter nun ärgerlich. »Ich glaube eben nicht, daß Frau Brummer Sie aus reiner Boshaftigkeit schlägt, das paßt einfach nicht zu ihr!« – »So, sind Sie da so sicher?« – »Ja, ganz sicher«, erwiderte ich energisch.

Das Brummerl lag wie versteinert im Bett, aber sie verfolgte unseren Disput genau. Ich rückte jetzt mit der Wahrheit heraus: »Frau Reiter, Sie haben so laut geschrien, daß ich Ihre Unterhaltung bis draußen hören konnte. Ich habe deutlich gehört, wie Sie Frau Brummer eine Zigeunerin geheißen haben.« Frau Reiter bekam einen roten Kopf und schrie: »Horcher an der Wand hört seine eigene Schand! Um einem eine Gefälligkeit zu tun, hat die Gnädige nie Zeit, aber zum Türenlauschen, da langt's immer noch!« Das Brummerl setzte sich steil im Bett auf: »Wannst jetzt du dei greisliche Fotzn net haltst, dann schlog i di mit meim Stock so lang, bist nix mehr sogn kunnst!« Jetzt mußte ich sie zurechtweisen: »Brummerl, du legst dich jetzt schön hin und sagst nichts mehr, ich mache das schon.« An Frau Reiter gewandt, sagte ich: »Jetzt haben Sie mich auch bald so weit, daß ich am liebsten zum Direktor gehen und mich über Sie beschweren würde. Aber nicht um meinetwillen, sondern wegen Frau Brummer, denn man kann der armen Frau wirklich nicht zumuten, Ihre Beleidigungen den ganzen Tag anzuhören!«

Ich wollte hinausgehen, aber Frau Reiter schrie: »Nehmen Sie dem verrückten Weib erst einmal den Stock weg! Soll ich mich vielleicht noch einmal schlagen lassen?« – »Sie brauchen Frau Brummer nur nicht zu beleidigen, dann tut sie Ihnen auch nichts!« – »Das ist also der Schutz, den man von euch Schwestern hat. Es genügt nicht, daß man gelähmt ist, man muß sich auch noch von verrückten Patienten schlagen lassen!« Sie schrie so laut, daß ich Sorge hatte, man könnte sie noch auf der Straße hören. Darum fragte ich das Brummerl noch einmal: »Bleibst jetzt auch schön im Bett?« – »I tu derer nixn, aba wann's no amol sagt, daß i ausm Wogn kimm, dann schlog i s' gscheit, des konn i da glei sogn!« Die Sache war mir nun doch ein wenig zu unsicher, darum nahm ich Brummerls Stock und versteckte ihn draußen im Gang. Ich atmete auf, als ich das Zimmer endlich verlassen konnte.

Gegen drei Uhr morgens läutete das Telefon. Mein Mann war am Apparat: »Ich wollte dir nur sagen, daß ich zu Hause bin, damit du dir keine Sorgen machst.« – »Das ist nett von dir.« Plötzlich jedoch wurde er grob. »Und jetzt schau, daß du nach Hause kommst!« – »Du weißt doch genau, daß das nicht geht, ich kann hier nicht weg.« Er brüllte in den Hörer: »Das wirst du schon sehen, wie das geht, entweder du kommst freiwillig, oder ich hol dich da unten raus, aber dann kannst du was erleben!« Ich legte einfach auf. Das würde er ja wohl doch nicht wagen. Wie sollte er auch den weiten Weg in seinem angetrunkenen Zustand zu Fuß zurücklegen? Denn den Wagen hatte ja ich. Aber er rief gleich wieder an, beschimpfte mich erst grob und sagte dann weinerlich: »Unterhalte dich wenigstens mit mir!« Die Glocke läutete, darum bat ich: »Sei vernünftig, ich bin schon ganz entnervt. Beim besten Willen kann ich mich jetzt nicht mit dir unterhalten. Geh schlafen, du mußt doch morgen arbeiten!« Bis ich mit dem Waschen der Patienten beginnen mußte, rief er noch etliche Male an. Ich war so fertig, daß ich am ganzen Körper zitterte. Es war mir klar, daß ich diese

Aufregungen auf die Dauer nicht mehr verkraften würde.

Zu Hause war eigenartigerweise alles in Ordnung. Sogar mein Mann war schon fertig, um zur Arbeit zu gehen. Darüber wunderte ich mich sehr, denn er hatte ja nur einige Stunden Schlaf gehabt. Er küßte mich vor den Kindern und sagte: »Entschuldige bitte, ich habe mich gestern unmöglich benommen, überhaupt in der ganzen letzten Zeit habe ich dir viel Ärger bereitet, das wird sich jetzt ändern!«

Tatsächlich gab er sich in den darauffolgenden Tagen redlich Mühe, lieb zu sein, und er trank auch bis zu meinem freien Wochenende keinen Tropfen Alkohol. Dann aber wurde er wieder kribbelig und nervös; das waren immer die ersten Anzeichen, daß er Alkohol brauchte. Meine freien Tage hielt er aber noch durch.

9

Diesmal freute ich mich sogar auf die Arbeit.

Schwester Ina hatte Spätdienst. »Ich bin froh, daß Sie wieder da sind, denn Schwester Alma fällt der Nachtdienst schon sehr schwer«, sagte sie. »Sie gibt ihr Letztes, ich bin sehr froh, daß sie die drei Nächte wacht. Es würde gar nicht schaden, wenn die Tagschwestern auch in den Nachtdienst müßten, dann würden sie einmal sehen, wie das ist, wenn man jeden einzelnen Handgriff selber tun muß!«

Ich hatte sehr heftig geantwortet. Schwester Ina erschrak: »Bitte, regen Sie sich nicht auf, ich habe es nicht böse gemeint, ganz im Gegenteil, ich habe eine große Bitte an Sie.« – »An mich, wieso denn gerade an mich?« – »Es handelt sich um Frau Brummer!« – »Um Frau Brummer?« wurde ich hellhörig. »Was ist mit Frau Brummer?« Schwester Ina lächelte: »Nichts Besonderes, aber wir wissen alle, daß Sie mit ihr sehr gut auskommen. Ihr Ausweis ist abgelaufen, es müßte jemand mit ihr auf das Wohlfahrtsamt fahren und ihn verlängern lassen. Mit uns will sie nicht fahren. Vielleicht gelingt es Ihnen, sie dazu zu überreden.« – »Aber wieso denn auf das Wohlfahrtsamt?«

wollte ich wissen. »Alle Heiminsassen, die ihren Pflegesatz selber nicht vollständig aufbringen können, unterstehen dem Wohlfahrtsamt. Besser gesagt dem Sozialamt. Bei Frau Brummer ist das auch der Fall.« – »Gut«, akzeptierte ich den Vorschlag, »ich werde Frau Brummer fragen, ob sie bereit ist, mit mir zu fahren; wenn ja, dann können wir das schon morgen erledigen.«

Ich ging gleich zu ihr und fragte: »Na, Brummerl, was ist, machen wir morgen einen kleinen Bummel? Du weißt sicher, daß dein Ausweis abgelaufen ist, der müßte verlängert werden.« – »Naa, i mog net!« entgegnete sie grantig. »Ist mir auch recht, du mußt nicht mit mir fahren.«

Schnurstracks ging ich wieder hinaus. So schnell sie konnte, lief sie mir hinterher und rief: »Wart amol, du, und renn net so schnell wieda naus!« Ich blieb stehen. Sie zog mich an sich und bedrängte mich: »Sog amol, tatst mi du aa hoamfahrn?« – »Nein, Brummerl«, entgegnete ich, »du weißt doch, daß dich zu Hause niemand pflegen kann, du mußt schon hier bleiben.« – »Geh, du Kaibe«, erläuterte sie, »des woaß i doch selber. Ich mecht doch bloß mei Zimma no amol oschaugn.« – »Ach so, würdest du dann anschließend mit mir auf das Amt fahren und deinen Ausweis verlängern lassen?« Sie legte ihren Kopf nachdenklich auf die Seite, schaute mich spitzbübisch an und fragte: »Tatst mi du dann aa noch zu meine Leit auf 'n Friedhof fahrn?« Ich mußte lachen und rügte: »Du bist ein Luderchen, Brummerl, weißt du das?« – »Jo freili, des woaß i scho, aba des muaß ma heit sein, sonst kimmt ma zu nix«, meinte sie herzerfrischend. »Gut, du Erpresserin, ich fahre dich auch noch zum Friedhof.« Das Brummerl lachte, sie war rundum zufrieden. Mir dagegen war nicht wohl in meiner Haut. Was würde sie empfinden, wenn sie ihren Hof wiedersah? Womöglich würde sie gar nicht mehr zurück wollen.

Die Nacht war ungewöhnlich ruhig. Es wurde überhaupt nicht geläutet. Wie eine aufgescheuchte Henne lief ich von Zimmer zu Zimmer. Es war, als ob alle gestorben wären. Bis zum Morgen schellte es dann wenigstens dreimal. Gleich nach Schwester Theas Dienstantritt erzählte ich es ihr: »Des liegt manchmal am Wetter, des hole die schon wieder nach«, beruhigte sie mich.

Pünktlich um dreizehn Uhr holte ich das Brummerl ab. Geschniegelt und gebügelt und wie ein Clown herausstaffiert, wartete sie schon auf mich.

Im Amt hatte uns die Heimleiterin bereits angemeldet, und Brummerls Ausweis war fertig. Sie sollte nur noch unterschreiben. Ein freundlicher Herr am Schalter forderte sie dazu auf. Aber das Brummerl tippte sich an den Kopf und sagte: »Des kunnt dem so passn, zerscht mecht i scho seng, wos i da unterschreib.« Umständlich kramte sie in ihrer Tasche herum und suchte nach ihrer Brille. Dabei brabbelte sie giftig: »Mecht wissen, wer ma meine Augnglasl verschlampt hot.«

Endlich hatte sie die Brille. Jetzt fing sie erst einmal an, die Gläser zu putzen. »Ha, de warn ja schee, moanan, i bi bleed. I unterschreib do nix, bevor i des net genau ogschaut hob.« Sie machte sich daran, den Ausweis genau zu studieren. Hinter uns bildete sich langsam eine Menschenschlange. Eine Dame vom Nebenschalter winkte uns zu sich hinüber. »Wos mecht jetzt de?« – »Brummerl, hinter uns stehen schon so viele Menschen«, redete ich ihr gut zu, »komm, laß uns an den anderen Schalter gehen.« – » Na, i muaß des zerscht lesen!« – »Ist ja gut«, sagte ich, schon ziemlich nervös, »aber deswegen können wir doch zu dem anderen Schalter gehen, da ist niemand.« Ich zog sie hinüber. »Hoit mei Stock«, protestierte sie. Brummerl hatte ihr Heiligtum, den Stock, stehen gelassen. Die Leute lachten schon über uns. »Warte, ich hol dir deinen Stock.«

Sie blieb stur stehen, bis ich ihn gebracht hatte. Dann riß sie ihn mir heftig aus der Hand und schwang ihn so unglücklich, daß sie ihn einem jungen Mann an den Kopf schlug. Mir war das alles peinlich.

»Jetzt unterschreib endlich!« Meine Stimme klang ärgerlich, was das Luderchen gleich merkte, so daß sie zur Tat schritt. Ich war froh, als wir wieder draußen waren. Sie anscheinend auch, denn sie rannte mir davon – zum nächstbesten Auto, dessen Tür sie öffnen wollte. »Halt, Brummerl, das ist nicht mein Auto!« rief ich laut. Sie setzte sich einfach mitten auf die Straße und lachte. Ich hatte Mühe, sie in mein Auto hineinzubekommen. Der Schweiß brach mir aus. So anstrengend hatte ich mir das nicht vorgestellt.

Wir fuhren nun zu ihr nach Hause. Sie war kribbelig: »Jetzt zoag i dir mei scheens Zimma, da werst Augn macha!«

Auf dem Hof war niemand anzutreffen. »Mei Bruada is net do, ’s Auto is weg. Da werd i ma gleich a paar Sachn mitnehma.« – »Mitgenommen wird nichts«, widersprach ich. »Sonst meint dein Bruder am Ende noch, daß Einbrecher dagewesen sind.« – »A, an Schmarrn, i nimm doch bloß ebbs aus meim Zimma mit«, ließ sie sich nicht beirren. Sie zog ihren Zimmerschlüssel heraus und sperrte auf. – Aber da wäre sie mir beinahe in Ohnmacht gefallen. Das Zimmer war leer. Total ausgeräumt. Ein Weilchen schaute sie noch entgeistert, sagte aber kein Wort. Wie eine Schlafwandlerin ging sie hinaus, stieg ins Auto und ließ sich willig anschnallen. Wenn sie doch bloß etwas sagen würde, dachte ich verzweifelt. Ich fragte leise: »Willst du jetzt zum Friedhof?« Sie nickte nur.

Wortlos gingen wir auf dem Friedhof nebeneinander her. Zielstrebig steuerte sie zum Grab ihrer Eltern, wo sie ein Kreuzzeichen machte und leise betete. Ich wartete immer noch auf irgend etwas, denn es wäre nicht Brummerls Art gewesen, das alles so still hinzunehmen. Aber dann hörte ich, wie sie leise zu sich selbst sagte: » ’s Zimma hot a ma ausgramt!« Sie betete noch ein Weilchen und sagte dann barsch: »So, jetzt mecht i hoam!« – Was meinte sie jetzt mit »heim«? Zurück ins Pflegeheim oder auf ihren Hof? Ich wagte nicht zu fragen, schaute nur, daß ich sie wieder ins Auto brachte und fuhr zum Pflegeheim.

»Vergelt’s Gott«, meinte sie, als wir wieder zurück waren. »Und hoit dei Maul!« – »Ist schon recht, Brummerl, wenn du nichts sagst, ich schweige wie ein

Grab.« Plötzlich fiel sie mir um den Hals: »Gell, du kimmst heit auf 'd Nacht wieda!« – »Ja, Brummerl, ich komme heute abend wieder, und ich hab dich lieb.« – »I mog di aa so gern.« Endlich schluchzte sie. Ich setzte mich noch einen Augenblick zu ihr und schaute zu, wie sie ihren Kaffee mit dem eingebrockten Brot auslöffelte. »Schaug amol her, was ma de für große Brokken nei ham.« Alle anderen Patienten aßen am Nachmittag Kuchen. Nur das Brummerl wollte Brot im Kaffee eingebrockt haben, aber nie konnte ihr ein Küchenmädchen die Brocken recht machen. Entweder sie waren zu groß oder zu klein. Sie schimpfte immer. Manchmal hatte ich sie im Verdacht, daß sie ohne Schimpfen gar nicht sein konnte. Ich strich ihr über die Wange und sagte: »Brummerl, ich muß jetzt zu meiner Familie nach Hause.«

Meine Kinder warteten schon ungeduldig, sie wollten wissen, wie es mir mit dem Brummerl ergangen war. Ich erzählte ihnen die Episode. »Das arme Weib«, sagte Inge. »Du kommst mir nie in so ein Heim, Mami, das verspreche ich dir!«

10

Am Abend empfing mich Schwester Hanna schon lachend: »Kommen Sie, Elfi, setzen Sie sich ein wenig zu mir, wir haben noch viel Zeit, lassen Sie sich das Neueste vom Brummerl erzählen.« Besorgt horchte ich auf.

»Heute Abend gab es Wiener Würstchen. Als Brummerl die sah, zog sie sofort eine Schnute. Frau Reiter hatte ihre Wiener gierig hinuntergeschlungen. Brummerl meckerte: ›Ich möchte lieber einen Grießbrei!‹ Sie wissen ja, wie ich bin. Unverzüglich bestellte ich aus der Küche einen Grießbrei für sie. Brummerl gab ihre Wiener Frau Reiter mit der Bemerkung: ›Do friß, daß d' gnua krieagst!‹ Statt sich damit zufriedenzugeben, zeterte Frau Reiter: ›Wenn jetzt ich auch einen Grießbrei möchte, krieg ich sicher keinen!‹ ›Aber Frau Reiter‹, mahnte ich, ›Sie haben jetzt schon die doppelte Portion Wiener, und das am Abend, was meinen Sie, wie das anschlägt.‹ – ›Das geht Sie einen feuchten Kehricht an‹, schrie Frau Reiter, ›jetzt will ich auch grad einen Grießbrei!‹ Ich hatte dem Brummerl den Rücken zugekehrt und nicht bemerkt, daß sie aufgestanden war. Mit einem Schwung warf sie Frau Reiter das Schüsselchen mit dem heißen Grießbrei ins Gesicht.

›Do host'n, du Verfressene!‹ schrie sie dabei. Schnell bemühte ich mich, den Grießbrei zusammenzukratzen. Das Brummerl war quietschfidel. Es machte ihr nichts aus, daß Frau Reiter sie mit den häßlichsten Schimpfworten bedachte. Sie lachte zu allem.«

»Hat sie sich also doch abreagiert«, murmelte ich vor mich hin. »Was meinen Sie?« erkundigte sich Schwester Hanna. »Ich bin froh«, lenkte ich ab, »daß Sie mir die Geschichte erzählt haben, so bin ich wenigstens gewappnet und fange nicht gleich zu lachen an.«

Ich tat, als wüßte ich von nichts, als ich zu den beiden hineinging. Brummerl lachte mich verschmitzt an. Frau Reiter war rot im Gesicht. Brummerl winkte. Ich ging zu ihr hin. Sie wollte mir etwas ins Ohr flüstern. Da ich mir schon denken konnte, was, sagte ich laut: »Was willst du mir denn sagen, Brummerl?« Doch sie kam nicht zu Wort, denn Frau Reiter wetterte: »Ihren Grießbrei hat sie mir ins Gesicht geworfen, der Trampel. Aber das Brummerl darf sich ja hier alles erlauben.« – »Das ist nicht wahr, Frau Reiter«, versuchte ich zu beschwichtigen, »aber Sie dürfen ihr nicht immer solche Namen an den Kopf werfen!« – »Die schmeißt dafür mit Grießbrei!« kam die prompte Erwiderung. Jetzt mußte ich doch lachen. Da fing Frau Reiter erst an: »Darauf habe ich gewartet, ja, ich habe es gewußt, daß Sie darüber lachen würden!« Ihre Augen glühten vor Haß, als sie rief: »Man sollte Ihnen das aber gönnen, denn zu Hause mit Ihrem Besoffenen haben Sie sowieso nichts zu lachen!«

Ich war entsetzt. Schwester Resis Warnung fiel mir

ein. »Die bringt aus dem Privatleben der Schwestern immer was heraus. Wenn sie einen im Dienst nicht quälen kann, dann versucht sie es im privaten Bereich.« Frau Reiter ekelte weiter: »Hier möchte sie die gute Schwester spielen, aber ihren Alten kann sie nicht erziehen.«

»Mein Privatleben geht Sie nichts an, Frau Reiter!« sagte ich ärgerlich. »Sie mischen sich ja auch in alles ein«, rief sie zornig. »Das ist meine Pflicht. Ich muß dafür sorgen, daß die Patienten ihren Seelenfrieden haben!« – »Schau'n Sie lieber, daß Sie zu Hause Frieden haben!« entgegnete sie hysterisch.

Ich lief hinaus. Meine Beherrschung hatte mich verlassen. Haltlos fing ich zu heulen an.

Auf meinem ersten Rundgang hörte ich aus Herrn Maas' Zimmer lautes Schimpfen. Ich ging hinein. Herr Heinrich stand mit seinen wackligen Beinen vor Herrn Maas und rief: »Du mit deine Läus' und Flöh' machst mich noch wahnsinnig. Mich beißt's selber schon überall.« Er fuchtelte Herrn Maas mit seinem Stock vor der Nase herum. Schon wieder so ein verfluchter Stock, dachte ich. Wenn ich hier etwas zu sagen hätte, würde ich die Dinger alle wegwerfen. Ich wollte Herrn Heinrich in sein Bett bringen, aber er wehrte sich: »Mit dem da habe ich noch ein Wörtchen zu reden«, wandte er sich wieder an Herrn Maas. »Sie können jetzt am Abend keinen Krach machen, Herr Heinrich!« ermahnte ich. Er war aufgeregt und brabbelte lauter zusammenhangloses Zeug. Immer wieder bedrohte er Herrn Maas mit dem Stock. Ich stellte mich zwischen die beiden und drehte, nichts Böses ahnend, Herrn Heinrich den Rücken zu. Plötzlich spürte ich einen dumpfen Schlag auf den Kopf, dann nichts mehr.

»Jetzt ist aber Schluß«, das war das erste, was ich hörte, als ich aus meiner kurzen Ohnmacht erwachte. Herr Töpfer, der gerade noch einmal bei seiner Gattin gewesen war, hatte den dumpfen Fall gehört und war dem Geräusch nachgegangen. Er fand mich auf dem Boden liegend, und Herrn Heinrich gerade zu einem neuen Schlag ausholend. Den alten Mann warf er in sein Bett und half mir dann wieder auf die Beine.

Ich bedankte mich bei ihm, bat aber, über diese Angelegenheit zu schweigen. Aufgeregt erwiderte er: »Der Mann ist ja gewalttätig.« – »Na, so schlimm war es wohl nicht, ich hätte bloß besser aufpassen müssen«, beschwichtigte ich ihn. »Ich weiß nicht, eigentlich müßte ich das der Leitung melden!« – »Um Himmels willen, bloß das nicht, ich möchte nicht, daß der alte Herr Ärger bekommt!« – »Also gut, ich schweige, wenn Sie das wollen, aber es könnte mal dumm für Sie ausgehen!«

Herr Maas gefiel mir gar nicht. Er war blaß und jammerte nicht einmal mehr über seine Läuse. Ich setzte mich an sein Bett. Gegen drei Uhr nachts fiel er plötzlich in Agonie. Obwohl sein Hausarzt uns angekündigt hatte, daß es mit ihm zu Ende ginge, erschrak ich doch; daß es so schnell gehen würde, hatte ich nicht geglaubt. Jetzt wich ich nicht mehr von seinem Bett. Sein Atem wurde immer schneller, die Nase ganz spitz. Plötzlich röchelte er noch einmal – und starb.

Sofort zog fahle Blässe über sein Gesicht. Als ich ihn herrichtete, machte ich mir Gedanken, ob er sich wohl über Herrn Heinrich aufgeregt hatte. Was würde Schwester Thea morgen dazu sagen?

Gleich bei ihrem Dienstantritt erstattete ich Bericht. »Hätten Sie mich doch geholt, ich hätte Ihnen geholfen!« – »Ich wollte Sie schlafen lassen, Sie haben ja am Tage noch genug zu tun; wir können ihn ja jetzt gemeinsam in das Totenkammerl bringen«, schlug ich vor. »Gehen Sie mal jetzt nach Hause, des mach ich schon mit dem Hausmeister. Wundre tut mich des schon, ich hätt geglaubt, daß Herr Maas den Herrn Erich überlebt.« Herr Erich lag im selben Zimmer. Er hatte Multiple Sklerose. »Warum«, fragte ich, »sein Zustand ist doch konstant?« – »Ihnen fällt das nachts nicht so auf«, sagte Schwester Thea, »der ißt doch seit Tagen nichts mehr, und das Atmen fällt ihm auch schon sehr schwer. Die Krankheit hat sich auf die Atemwege gelegt, er wird ersticken.« – »Kann man ihn denn nicht ins Krankenhaus einweisen lassen und künstlich beatmen?« schlug ich vor. »Kann man schon, aber er will net, sein Wunsch ist es, hier im Hause zu sterben. Er hat mit mir darüber gesprochen, er weiß, daß es bald soweit ist.«

Mir wurde eiskalt. Herr Erich, der so herzlich lachen konnte! Er war erst einundfünfzig Jahre alt. Seine Frau war ihm vor zwei Jahren gestorben. Die fünfzehnjährige Tochter hing mit großer Liebe an ihrem Vater. Ich hatte mich schon einige Male mit ihr unterhalten, sie hoffte, der Vater würde wieder gesund werden. Mit

Schaudern dachte ich daran, daß das junge Mädchen nun auch noch den Vater verlieren sollte. Lieber Gott, betete ich egoistisch, laß ihn wenigstens nicht bei mir sterben! Es muß furchtbar sein, jemanden ersticken zu sehen.

Zerknirscht kam ich nach Hause. Mein Mann merkte nichts, denn er schien selbst gedrückt. »Was hast du denn heute?« fragte ich besorgt. »Ach, weißt du, es ist nicht so einfach, in der Versicherungsbranche zu arbeiten. Die meisten Leute bilden sich ein, man will sie betrügen, wenn man etwas von einer Versicherung erzählt. Aber geh du erst einmal schlafen, es wird schon irgendwie weitergehen.«

Es ging auch weiter: An diesem Abend kam er mal wieder nicht nach Hause. Wie üblich, dachte ich. Bei den geringsten Schwierigkeiten muß er trinken. Die Sozialarbeiterin fiel mir ein, die mir der Chef schicken wollte; bisher war sie noch nicht erschienen.

Heute mußte ich mit dem Bus zur Arbeit fahren, ich konnte das Auto nicht finden. Dabei hatte mich eine unerträgliche Unruhe erfaßt. Einige Male war er schon betrunken gefahren, der Gedanke, daß er irgendwann einmal einen Menschen in diesem Zustand verletzen könnte, machte mich krank. Nach einer sehr anstrengenden Nacht im Heim traf ich beim Verlassen des Gebäudes den Direktor, der mir versprach, die Sozialarbeiterin noch am selben Tag vorbeizuschicken.

Schon von weitem sah ich, daß der Wagen quer auf dem Parkplatz stand. Gott sei Dank war er wenigstens unbeschädigt. Beim Aufschließen der Haustür kam mir Alkoholgeruch entgegen. Zorn stieg in mir hoch. Am liebsten hätte ich losgebrüllt. Mit Gewalt beherrschte ich mich.

Mein Mann lag angezogen im Wohnzimmer. Er hatte sich erbrochen. Die Kinder saßen in der Küche vor leeren Tassen und schauten verstört. Schön langsam verlottert mir die Familie, dachte ich verzweifelt. Irgend etwas in mir wehrte sich dagegen. Ich riß im Wohnzimmer die Fenster auf und ließ meinen Mann einfach liegen. Mit erzwungener Ruhe versorgte ich die Kinder, anschließend machte ich die Wohnung sauber. Ich wollte nicht schlafen gehen, weil ich hoffte, daß mein Mann zu denken anfangen würde, wenn ich Tag und Nacht arbeitete. Gegen zehn Uhr morgens tauchte er plötzlich in der Küche auf: »Gehst du heute nicht ins Bett?« – »Nein«, sagte ich barsch, »für mich gibt es kein Ausruhen mehr, wenn ich die Familie nicht verkommen lassen will!« – »Bitte, Liebling, du siehst so blaß aus, ich habe Angst um dich!« – »Um mich brauchst du keine Angst zu haben. Sorg dich lieber um dich, denn wenn man so weit ist, daß man bei der geringsten Schwierigkeit trinken muß, dann ist man im höchsten Grade süchtig!«

Mit dieser Bemerkung hatte ich seinen wundesten Punkt angesprochen. »Ich bin nicht süchtig; wenn ich will, kann ich sofort mit dem Trinken aufhören!« Bebend vor Zorn rief ich: »Wenn das so ist, dann ist deine Trinkerei erst recht eine Gemeinheit, dann wird es das Beste sein, wenn ich mich von dir scheiden lasse.«

Bei dem Wort Trennung erzitterte er. »Bitte verlaß

mich nicht, ich tu ja alles, was du willst!« Er tat mir leid. Ich streichelte ihn. »Ich will dir doch nichts Böses antun, ich will nur, daß du gesund wirst. Schließlich bin ich auch für die Kinder verantwortlich. So, wie es augenblicklich ist, darf es nicht weitergehen.« – »Was soll ich denn tun?« fragte er verzweifelt. Mutig erwiderte ich: »Laß dich heilen, mach eine Entziehungskur! Es dauert nur ein halbes Jahr, dann werden wir vielleicht wieder eine glückliche Familie sein.«

Er ließ sich in den nächsten Sessel fallen und weinte: »Was, ein halbes Jahr?« Wie labil er doch geworden war! Früher war er immer der Starke und tröstete mich, wenn ich mich sorgte, weil wieder ein Kind unterwegs war. »Schickt Gott ein Häschen, dann schickt er auch ein Gräschen«, lautete dann sein Sprüchlein. Sein erster Sohn war ihm ein ganzer Wochenlohn wert; das Krankenzimmer war ein einziges Blumenmeer. All das fiel mir wieder ein. Es war mir klar, daß ich zu ihm stehen würde. Aber Mitleid war jetzt fehl am Platz.

Mittags, als die Kinder nach Hause kamen, war die Stimmung wieder friedlich. Nach dem Essen schickte ich sie in ihre Zimmer, ich wollte nicht, daß sie den Besuch der Sozialarbeiterin mitbekamen.

Frau Bauer, eine gütige ältere Dame, kam ohne Umschweife sofort zur Sache. Sie wandte sich an meinen Mann mit den Worten: »Ich komme von der Suchtfürsorge und will Ihnen helfen. Sie können mich anhören oder aber gleich hinauswerfen. Überlegen Sie sich das, bevor ich Ihnen Vorschläge für eine Entziehungskur unterbreite.«

Mein Mann war sprachlos. Ich merkte ihm an, daß er gekränkt war, weil ich hinter seinem Rücken Kontakt mit der Suchtfürsorge aufgenommen hatte. Aber er war am Ende und wußte, daß er Hilfe brauchte. Seine Erziehung ließ es nicht zu, einer Dame gegenüber unhöflich zu sein, darum bot er der Frau einen Platz an.

Es rührte mich, als er sich zuallererst erkundigte, ob seine Familie während seines Aufenthaltes in der Anstalt finanziell gesichert sei. Frau Bauer erklärte ihm, daß Alkoholismus eine Krankheit sei und die Familie während seiner Abwesenheit die gleichen Bezüge erhalten würde wie in einem Krankheitsfall.

»Sie brauchen sich auch in keiner Weise zu schämen«, erklärte sie, »das kommt in den besten Familien vor, dort wird es vielleicht nicht so an die Öffentlichkeit getragen, weil man über genügend Finanzen verfügt.« – »Wie lange dauert die Kur?« – »Ein halbes Jahr?« Er schaute hilflos zu mir her, ob ich denn gar nichts dazu zu sagen hätte. »Wir werden es schon schaffen«, sagte ich fest. Er lief aus dem Zimmer. Ich wollte ihm nachlaufen, aber Frau Bauer meinte: »Lassen Sie ihn nur, er muß das erst einmal verarbeiten. Aber ich glaube, daß bei Ihnen wieder alles in Ordnung kommt, denn Sie haben sich noch gern.«

Mir tat mein Mann leid, und ich bereute schon wieder, alles eingefädelt zu haben. »Sie müssen jetzt sehr stark sein, denn die Familie ist sein einziger Halt!« ermahnte mich Frau Bauer. »Auch nach der Kur braucht er viel Liebe, um nicht rückfällig zu werden.«

– »An mir soll es nicht liegen, ich werde tun, was in meiner Macht steht.«

Mein Mann kam wieder herein. Ich merkte, daß er geweint hatte. »Wann muß ich denn fahren?« fragte er die Fürsorgerin. »So schnell geht das nicht. Ich muß zuerst alle Formalitäten bei den zuständigen Behörden erledigen. Ihren Arbeitgeber werde ich auch informieren. Kurz, Sie brauchen sich um nichts zu kümmern. Entlassen können Sie auch nicht werden, denn eine Entziehungskur berechtigt den Arbeitgeber nicht zu einer Kündigung. Sie müssen mir nur das Formular unterschreiben, daß Sie mit der freiwilligen Kur einverstanden sind.« – »Gut, aber dann gleich, sonst überlege ich es mir noch einmal«, äußerte er entschlossen.

»Nie hätte ich geglaubt, daß das alles ohne Schwierigkeiten ablaufen würde«, sagte ich befreit, während ich Frau Bauer zur Tür begleitete. »Ich will Ihnen keine Angst machen, aber ich kenne die Mentalität der Alkoholiker, Sie werden ihren Teil noch mitmachen«, meinte sie mahnend. »Aber Sie wissen ja, wo ich zu erreichen bin. Anruf genügt.«

11

Beruhigt betrat ich das Pflegeheim. Schwester Thea wartete schon auf mich: »Herr Erich ist im Einzelzimmer, er liegt im Sterben. Ich bleibe noch bei ihm, bis Sie ihren ersten Rundgang gemacht haben.«

Gerade Herr Erich war mir ans Herz gewachsen. Ich erschrak, als ich ihn sah. Er war bläulich im Gesicht und rang verzweifelt nach Luft. »Müssen wir ihn denn so leiden lassen?« – »Es ist sein Wunsch, im Haus zu bleiben, das müssen wir respektieren.« Wir hatten selbst ein Absauggerät, aber weil sich der Schleim so festgesetzt hatte, konnten wir ihm auch damit keine Linderung verschaffen.

Schnell machte ich meinen ersten Rundgang. Dem Brummerl erklärte ich, daß es heute mit dem Ausziehen etwas schneller gehen müsse, weil ich noch viel zu tun hätte. Für so etwas hatte sie stets Verständnis. Sie strich mir über das Gesicht und meinte: »Host es heit wieda schwar, ha?« – »Geht schon, Brummerl.« – »I bet da a Vata Unser!« – »Dank dir schön.«

Dann setzte ich mich zu Herrn Erich. Seine Atemnot wurde immer schlimmer. Schwester Thea hielt sich mit äußerster Anstrengung auf den Beinen. Viel zu mutig sagte ich: »Gehen Sie nur schlafen, ich schaffe das schon, Sie müssen morgen früh wieder fit sein!« – »Ja, ich muß jetzt wirklich gehen, aber Sie können mich holen, wenn es zu hart für Sie wird.« – »Ja, ja«, ergab ich mich.

Herr Erich kämpfte vergeblich gegen den zähen Schleim. Ich konnte das Zeug in seinem Rachen sehen, wie eine weiße Wand. Der müßte doch rauszuholen sein. Mit Einmalhandschuhen versuchte ich es – mit Erfolg. Aber er war endlos. Immer mehr Schleim bildete sich. Eigenartig, dachte ich, wenn ein Mensch in Not ist, empfindet man nur noch den Wunsch, zu helfen. Da ist kein Raum für Ekel oder Angst.

Ich konnte ihm zwar das Atmen etwas erleichtern, aber es half nichts mehr, es ging zu Ende. Nach kurzer Zeit tat er seinen letzten Atemzug. Ich verlor die Beherrschung und heulte hemmungslos. Es tat mir gut, denn in den letzten Tagen hatte sich in mir einiges angestaut. Mit den Tränen spülte ich gleich alles mit weg. Anschließend machte ich mich daran, Herrn Erich zurechtzumachen. Er sollte schön aussehen, wenn ihn sein Töchterchen ein letztes Mal anschaute.

Ich hatte einmal wieder elf Nächte hinter mich gebracht. Mein Mann war seit dem Besuch der Sozialarbeiterin nicht mehr betrunken gewesen. Bei der neuen Versicherungsgesellschaft klappte es gut, man war mit ihm zufrieden. »Was sagst du nun?« fragte er glücklich. »Vielleicht schaffe ich es doch allein.« – »Es wäre schön«, entgegnete ich skeptisch.

Im Augenblick war für mich nur wichtig, daß ich frei hatte. Schwester Alma sollte für drei Nächte meinen Platz einnehmen. Allerdings hatte man mir schon erzählt, daß sie krank sei und Schwester Kathi, eine ältere, sehr schwächliche Rot-Kreuz-Schwester, für sie einsprang. Schwester Kathi arbeitete schon mehrere Jahre im Tagdienst und kannte alle Patienten recht gut. Wenn sie nur nicht so schrecklich zierlich wäre, dachte ich besorgt. Wie würde sie bloß die schweren Patienten umlagern? Ich ärgerte mich. War ich schon so weit, daß ich nicht einmal mehr in meinen freien Tagen abschalten konnte? Ich zwang mich, nicht mehr an das »Olschenheim«, wie meine Inge manchmal scherzhaft das Heim nannte, zu denken. Aber leichter gesagt, als getan! Ich war inzwischen viel zu sehr mit dem Haus verbunden, als daß ich hätte abschalten können.

Am späten Abend läutete das Telefon. Schwester Hanna war am Apparat. »Der Chef will Sie sprechen« – sprach's und war gleich wieder weg. »Schwester Elfi«, meldete er sich, »ich muß Sie bitten, uns zu helfen!« – »Wo brennt's denn?« – »Sind Sie in der Lage, heute noch einmal Nachtdienst zu machen?« Ich holte tief Luft. »Eigentlich nicht, denn ich habe mich heute morgen nicht schlafen gelegt, damit ich heute nacht besser schlafen kann!« – »Da sind Sie wohl jetzt sehr müde?« – »Das kann man sagen. Aber was ist denn überhaupt los?« wollte ich doch wissen. »Ach, Schwester Kathi und das Brummerl«, klang es resigniert. »Wieso das Brummerl, die ist doch wie ein Lamm!« Zum erstenmal hörte ich meinen Chef schallend lachen. »Das Lamm hat Schwester Kathi ganz schön zugerichtet.« – »Ich komme sofort«, sagte ich spontan.

Mein Mann hatte das Gespräch gespannt verfolgt. »So, so, du machst also heute noch einmal Nachtdienst«, rief er gereizt. »Ich muß doch, es ist ja sonst niemand da!« – »Was haben die bloß gemacht, als sie dich noch nicht hatten?« sagte er giftig. »Jetzt haben sie mich aber!« Mit saurer Miene fuhr er fort: »Aber fahren tu ich dich!« – »Kannst du ja machen, aber hol mich dann morgen früh auch wieder ab!«

12

Wieso ist denn die Hanna noch da? dachte ich, als ich den verspäteten Nachtdienst antrat. Schwester Kathi und der Direktor saßen zusammen im Stationszimmer. Ich fragte nichts, grüßte kurz und begann den üblichen Rundgang. Schwester Hanna blieb noch. Ich spürte, daß sie mir etwas erzählen wollte, aber sie sagte nur: »Bitte, Elfi, gehen Sie Frau Brummer ausziehen!« Erstaunt fragte ich: »Ist sie noch nicht im Bett?« – »Nee«, grinste Hanna bloß.

Das Brummerl saß mit hochrotem Kopf und bockigem Gesichtsausdruck in ihrem alten Sessel. »Des kunnst da schon no mal erlaubn, du Kaibe«, empfing sie mich giftig. »Was meinst denn damit?« fragte ich kampflustig. »I loß mi doch vo derer net ausziagn!« – »Von wem?« – »Na, vo der Hoiberten!« – »Wer ist jetzt das wieder, die Halberte?« Frau Reiter setzte sich auf, ergriff Brummerls Partei: »Das hättet ihr euch doch denken können, daß die sich von der kleinen Kathi nicht ausziehen läßt. Die muß ja froh sein, wenn sie selber stehen kann.«

Warum war diese Frau immer nur so gehässig? Der Gedanke, daß sie mein Brummerl damit anstecken könnte, machte mich besonders böse. Darum schrie ich jetzt das Brummerl an: »Ich wußte gar nicht, daß du so egoistisch bist und mir nicht einmal meine freien Tage gönnst. Von jetzt an werde ich dich überhaupt nicht mehr an- oder ausziehen, das soll doch machen, wer will. Und hereinkommen werde ich auch nicht mehr. Mit so einer Bösen will ich nichts zu tun haben!« Ich ließ sie einfach sitzen und lief hinaus.

Gleich darauf hörte ich schlurfende Schritte und den unnachahmlichen Stockaufschlag vom Brummerl. Sie öffnete die Tür, sah mich mit einem herzzerreißenden Blick an und fiel mir dann weinend um den Hals: »I tuas nia wieda, meinetwegen schickst ma a haib Tote eini, i sog nia wieda ebbs. Bist ma jetzt wieda guat?« Was sollte ich da tun? Ich streichelte und tröstete sie. Sie weinte so sehr, daß sie das Böckchen stieß.

Schwester Hanna brannte nun darauf, loszuwerden, was geschehen war. »Zuerst einmal ist die Kathi zum Brummerl reingegangen«, fing sie gleich wie ein Wasserfall zu erzählen an. »Da habe ich mir gleich gedacht, das gibt ein Fiasko, und habe mich hinter die Tür geschlichen.« – »Sie haben also gehorcht«, meinte ich vorwurfsvoll. »Na klar, die Kathi tat so siegessicher. Ich wollte mal sehen, vor allem hören, wie sie das macht«, verteidigte sich Schwester Hanna. »Brummerl hat dann auch gleich, wie zu jeder Neuen, gesagt: ›Wos megst jetzt du Kaibe!‹ Darauf Schwester Kathi: ›Ich bin eine Rot-Kreuz-Schwester.‹ Danach hörte ich es patschen. Na ja, da habe ich die Tür aufgemacht und die Bescherung gesehen: Schwester Kathis Häubchen saß schief, und Brummerls Handschrift konnte man deutlich auf ihrer Wange erkennen. Das Brummerl schrie: ›Da host dei Rot-Kreiz-Schwesta!‹ «

»Und was dann?« forschte ich neugierig. »Nun ja, Schwester Kathi hat das Zimmer schnell verlassen und sich geweigert, den Nachtdienst zu übernehmen.« – »Bloß wegen der Ohrfeige?« fragte ich ungläubig. »Freilich, Schwester Kathi ist sehr sensibel, und Frau Brummer schlägt ja auch ganz schön zu.« Ich mußte plötzlich lachen, Hanna lachte mit.

Ich hatte mich schon so an den Nachtdienst gewöhnt, daß mir diese eine Nacht auch nichts mehr ausmachte. Trotzdem fragte ich Schwester Anna am Morgen, ob sie denn für die kommende Nacht eine Schwester hätte. Sie sagte: »Sie haben jetzt die nächsten drei Nächte frei, und wenn ich den Nachtdienst selber übernehmen muß!« Ich bat Schwester Anna noch, nicht zu sehr mit dem Brummerl zu schimpfen wegen der kleinen Entgleisung Schwester Kathi gegenüber. Aber dann mußte ich laufen, denn mein Mann wollte mich ja abholen. Doch er war nicht da. Ich wartete noch eine halbe Stunde, dann ging ich zum Bus.

Die Kinder waren schon in der Schule. Inge hatte mir einen Zettel hinterlegt: »Papa ist seit gestern abend weg.« Ich wunderte mich nicht einmal darüber, hatte ich doch schon am Abend zuvor ein ungutes Gefühl gehabt. Aber was hätte ich tun sollen?

Mein Mann kam drei Tage und Nächte nicht nach

Hause. Ich wollte schon eine Vermißtenanzeige aufgeben, aber das war mir peinlich. Am Nachmittag, einige Stunden, bevor ich wieder in den Dienst mußte, rief er an. »Das Auto steht am Bahnhof, kannst es dir holen, ich bin mit Freunden zusammen.« Keine Entschuldigung. Es war einfach selbstverständlich, daß er so lange weg war.

Ich war einem Nervenzusammenbruch nahe und sollte so arbeiten. Aber der Mensch kann viel ertragen, überhaupt eine Mutter, wenn es um die Kinder geht. Als das Telefon ging, waren sie gleich alle neben mir und fragten: »Mami, war es Papa?« – »Ja, ja, es war Papa, es geht ihm gut. Er war mit Freunden beisammen. Ich soll das Auto holen.« Inge weinte: »Sag, Mami, wie lange soll denn das noch so weitergehen? Du wirst sehen, eines Tages wird etwas Furchtbares passieren!«

Als ich am Abend den Wagen holen wollte, war er nicht mehr da. Ich mußte mit dem Taxi in den Dienst fahren.

13

Schwester Hanna empfing mich gleich in ihrer überschwenglichen Art: »Na, hoffentlich haben Sie sich gut erholt, denn heute tun Sie mir wahrlich leid. Ich bin schon vom Spätdienst total geschafft. Unser Neuzugang, Herr Dr. Kobl, rennt den ganzen Abend mit einer Puppe unterm Arm herum und läßt sich nicht beruhigen. Nehmen Sie ihm bloß seine olle Puppe nicht weg!« – »Keine Angst, aus dem Alter bin ich raus«, spöttelte ich. Hanna nahm mich bei der Hand und zog mich hinter sich her: »Kommen Sie, wir werden gleich mal nach ihm schauen.«

Herr Kobl war ein großer stattlicher Mann, sah aus wie ein guter Sechziger, war aber schon über achtzig. Claudia, so hieß seine Puppe, hatte er unter den Arm geklemmt. Er unterhielt sich gerade mit Herrn Friederich, unserem Charmeur. Schwester Hanna stellte sich vor ihn hin und sagte: »Hier, Herr Dr. Kobl, stelle ich Ihnen unsere Nachtschwester Elfi vor.« Er kam auf mich zu, vom Scheitel bis zur Sohle Kavalier, reichte mir die Hand und machte eine Verbeugung: »Sehr erfreut, Kobl.« Die Puppe übersah ich zunächst. Ich wußte nicht, wie er reagieren würde, wenn ich ihn darauf anspräche. Doch er fing von selber an: »Wie gefällt Ihnen denn meine Claudia?« – dabei hielt er sie mir direkt vor die Nase. »Sie gefällt mir gut.« – »Nicht wahr«, meinte Herr Kobl, »sie ist ein nettes Mädchen, ich habe nicht die geringsten Schwierigkeiten mit ihr. Übrigens« – er gab mir seine Hand – »auf gute Zusammenarbeit!« Ich grinste: »Gute Nacht allerseits!«

Als wir wieder im Gang waren, äußerte sich Schwester Hanna: »Ich glaub, mit dem werden wir noch unsere blauen Wunder erleben! Aber da fällt mir noch etwas ein, Sie sollten heute öfter mal nach Frau Rau sehen, es geht ihr nicht gut. Schwester Thea hat sie schon versehen lassen.« Sie wünschte mir noch eine ruhige Nacht und ging heim.

Noch bevor ich meinen ersten Rundgang absolvierte, schaute ich zu Frau Rau. Auf den ersten Blick sah ich, daß ich eine Sterbende vor mir hatte. Im Stationszimmer las ich Schwester Theas Bericht. Als ich das Zimmer verließ, stand Herr Kobl plötzlich in voller Größe da und verstellte mir die Tür. »Was wollen Sie hier unten, ich habe jetzt keine Zeit für Sie. Bitte gehen Sie wieder in Ihr Bett!« rief ich energisch. »Ich kann nicht schlafen und hätte mich gern noch ein wenig mit Ihnen unterhalten«, sagte er freundlich. »Es tut mir wirklich leid, aber es geht beim besten Willen nicht. Wo ist denn Claudia?« versuchte ich das Thema zu wechseln. »Ach, mit Claudia ist das so eine Sache, sie ermüdet sehr schnell, und sie muß sich auch erst an die neue Umgebung gewöhnen, darum habe ich sie heute schon zu Bett gebracht.«

»Was haben Sie denn da?« Ich deutete auf das zusammengedrehte Etwas in seinen Händen. Er hatte seine Unterhose wie einen Strick zusammengedreht und schwenkte damit herum. »Was wollen Sie denn damit?« Er lächelte geheimnisvoll: »Ich werde Ihnen jetzt den Strick um den Hals legen und zuziehen, ich möchte sehen, ob sie tot auch noch so schön aussehen wie jetzt.«

Mich fröstelte, und doch hielt ich das für einen Scherz. Aber schnell warf er mir die zusammengedrehte Unterhose über den Kopf und machte sich daran, die beiden Enden zusammenzudrehen. Er tat das ganz langsam, im sicheren Glauben, ich würde stillhalten. Dabei schaute er mich ernst an: »Es ist ein Experiment!« Er drehte langsam weiter, anscheinend hoffend, ich würde ihn sein »Experiment« vollenden lassen. »Schluß jetzt mit dem Blödsinn!« rief ich ärgerlich und befreite mich. Anschließend nahm ich ihn bei der Hand und zog ihn die Treppen hinauf. »So, jetzt gehen Sie schön ins Bett; ich werde Ihnen noch ein Beruhigungsmittel geben, aber dann muß ich mich um die anderen Patienten kümmern.« Willig ließ er sich versorgen und legte sich, ohne zu murren, nieder.

Ich war keine fünf Minuten unten, da hörte ich schon wieder ein Schlurfen auf der Treppe. Tatsächlich, da kam er doch wieder mit der alten Unterhose daher. Energischer wehrte ich gleich ab: »So geht das nicht, Herr Doktor, Sie müssen in Ihrem Zimmer bleiben. Ich habe Ihnen schon einmal gesagt, es gibt hier noch mehr Kranke, die versorgt werden müssen.« –

»Aber liebe Schwester«, sagte er freundlich, »ich will Sie ja gar nicht stören, ich will doch bloß einmal sehen, wie Sie aussehen, wenn Sie ganz blaß sind.« Er schlenzte erneut mit seiner Unterhose vor meiner Nase herum. Ich hakte mich bei ihm ein und begleitete ihn noch einmal in sein Zimmer. »Bitte bleiben Sie liegen!« bettelte ich eindringlich. »Gut, ich will Sie nicht ärgern!« sagte er gehorsam wie ein kleiner Junge.

Beruhigt ging ich zu Frau Rau, um mich ein wenig zu ihr zu setzen. Vorsichtshalber ließ ich die Tür einen Spalt offen, damit ich hören konnte, was draußen vor sich ging. Denn ganz sicher war ich mir noch nicht, daß der gute Doktor liegen bleiben würde. Aber es blieb ruhig. Morgens gegen drei Uhr starb Frau Rau. Obwohl sie uns viel Arbeit gemacht hatte, trauerte ihr doch jede Schwester nach. Sie war eben doch unsere Frau Bürgermeisterin gewesen.

Am Morgen fuhr ich mit gemischten Gefühlen nach Hause. Im Bus gab es keinen Sitzplatz mehr. Ich konnte mich kaum auf den Beinen halten. War es nur die Müdigkeit, oder hatte ich schon wieder Angst vor dem, was zu Hause los sein würde? Meine Nerven waren in letzter Zeit arg strapaziert, denn dieses Angstgefühl hatte ich öfter.

Schon von weitem sah ich unser Auto auf dem Parkplatz stehen. Ich wunderte mich, denn so ordentlich parkte mein Mann nur ein, wenn er völlig nüchtern war.

Die Wohnzimmertür stand offen. Da lag ein Häufchen Elend und schaute mir verzweifelt entgegen. »Was ist denn jetzt schon wieder los?« fragte ich besorgt. Es kam keine Antwort, nur ein tiefes Schluchzen. »Bitte, sei nicht böse, man hat mir heute nacht meinen Führerschein genommen!« – »Wer?« – »Die Polizei.« Ich kochte vor Zorn. »Und weshalb, bitte?« Ich wunderte mich, warum ich eigentlich fragte, denn damit hatte ich doch schon seit längerer Zeit gerechnet. Jetzt wurde er auch noch zynisch: »Warum wird einem der Führerschein genommen, wegen Trunkenheit am Steuer natürlich.«

Ich fühlte, wie mir das Blut zu Kopf stieg und schrie voller Zorn: »Warum gehst du eigentlich nicht dahin, wo du die drei letzten Nächte zugebracht hast, zu deinen Kumpanen? Ist dir vielleicht plötzlich wieder eingefallen, daß du eine dumme Frau hast, die sich Sorgen machen könnte?« Ich ließ mich in den nächsten Sessel fallen. Ich war am Ende.

»Du sollst die Autoschlüssel heute nachmittag bei der Polizei abholen.« – »Ja. – Sag einmal, was wird denn jetzt mit deiner Arbeit?« – »Was soll denn schon werden, ich gehe zu Fuß. Oder du kannst mich fahren, wenn du Zeit hast.« Er sagte das so selbstverständlich, daß ich schon wieder wütend wurde. Darum entgegnete ich barsch: »Einen Schmarr'n werde ich tun, du wirst so schnell wie möglich zu deiner Entziehungskur fahren. Die Bauer werde ich jetzt gleich anrufen.« Damit sprang ich auf und rannte zum Telefon. Ich hatte Glück, sie war im Büro. Sogleich erzählte ich, was geschehen war und fragte, ob man die ganze Angelegenheit vielleicht beschleunigen könne.

»Sie haben Glück«, sagte Frau Bauer, »einer der bereits vorgemerkten Herren mußte ins Krankenhaus. Ihr Mann kann an seiner Stelle mitfahren. Es gibt nur ein Problem. Der Termin ist schon morgen. Das werden Sie sicher nicht mehr schaffen.« – Ich überlegte. Eine Hetze würde das schon werden. Andererseits befürchtete ich, daß die Bereitwilligkeit zur Kur bei meinem Mann nicht von langer Dauer sein würde. Also sagte ich zu. »Da wäre noch etwas«, meinte Frau Bauer. »Könnten Sie vielleicht außer mir noch einen anderen Herren, der auch zur Kur muß, in Ihrem Auto mitnehmen?« – »Ja, das läßt sich machen«, versprach ich. »Also dann bis morgen um neun Uhr bei mir.«

Am Nachmittag fuhr ich zur Polizei. Die Beamten waren sehr höflich. Sie ließen sogar heraushören, daß mein Mann ihnen leid tat. Er war ganz dumm in die Sache hineingeraten. Seinen Wagen hatte er einem Freund geliehen. Der hatte ihn im Wirtshaus sitzen lassen und war in Schlangenlinien in der Stadt spazierengefahren. Diese Fahrweise fiel einer Polizeistreife auf. Sie verfolgten den Wagen. So betrunken allerdings war der gute Freund nicht, daß er dies nicht bemerkt hätte. Listig fuhr er zu der Gaststätte zurück, in der er meinen Mann wußte. Aus Ärger und Langeweile zugleich hatte mein Mann natürlich auch getrunken. Er setzte sich in sein Auto und wollte nach Hause fahren. Schon nach wenigen Metern stoppte ihn die Polizei, denn sie hielten ihn für den Sünder, der vorher die Stadt unsicher gemacht hatte. Der Gastwirt konnte zwar bezeugen, daß mein Mann schon mehrere Stunden in der Wirtschaft war, aber getrunken hatte er doch so viel, daß er auch zur Blutentnahme ins Krankenhaus mußte.

Mein Mann ließ mich bis kurz vor Dienstantritt schlafen, so daß ich mich mit dem Packen der Sachen für die Kur sputen mußte. Er meinte: »Laß nur, dazu habe ich noch die ganze Nacht Zeit.« Er hatte Tränen in den Augen, als ich mich von ihm verabschiedete.

Trotz des turbulenten Tages war ich heute irgendwie erleichtert. Ich hatte einen großen Schritt zur Normalisierung der Familiensituation getan. Die Patienten schliefen alle bei meinem ersten Durchgang. Mein Brummerl ließ sich willig entkleiden. Ich setzte mich ein wenig in das Stationszimmer. Das Sofa wirkte verlockend. Aber ich wagte es nicht, mich hinzulegen, weil ich viel zu übermüdet war. Also blieb ich sitzen. Doch der Geist war willig, aber das Fleisch schwach.

Ein schrilles Geläute weckte mich auf. Es war das Altenheim. Wenn da drüben geläutet wurde, bedeutete das nichts Gutes. Ich rannte zur Pforte, drückte den erleuchteten Knopf und erkundigte mich, was denn passiert sei. »Kommen Sie schnell«, hörte ich eine aufgeregte Stimme sagen. »Draußen im Gang stöhnt jemand!« Ich lief, so schnell ich konnte. Auf der Treppe rann mir Blut entgegen. Zu hören war nichts. Auf der obersten Stiege lag Frau Mehmken. Sie hatte sich ihr Schienbein aufgeschlagen. Die Wunde war so tief, daß der Knochen zu sehen war. Der starke Blutverlust hatte bereits zur Ohnmacht geführt. Ich band die Wunde ab und alarmierte sofort Notarzt und Sanitäter. Man brachte sie ins Krankenhaus.

Dann reinigte ich die Treppen, damit nicht noch ein anderer Altenheimbewohner hinunterfiel. Dabei stand ich Ängste aus, ich war ja doch schon eine gute halbe Stunde vom Pflegeheim weg. Aber als ich zurückkam, war nicht eine Glocke erleuchtet. Alles war in Ordnung, nur Herr Seifert gefiel mir gar nicht mehr. Er wurde zusehends schwächer.

Aufgeregt wusch ich am Morgen die Patienten. In Gedanken war ich schon mit meinem Mann unterwegs ins Kurheim. »Heit bist aba mit deinem Kopf woandas«, bemängelte das Brummerl auch gleich. Sie hatte ein untrügliches Gefühl dafür, ob man bei der Sache war oder nicht. Ich sagte nur: »Brummerl, denk an mich, ich habe heute einen schweren Tag vor mir!« – »Denk da nix«, antwortete sie schlicht. »I bet da scho a Vata unsa.« – »Vergelt's Gott, Brummerl, bist ein liebes Weiberl.«

»Ihr Rumgetue mit der Brummer geht mir schön langsam auf den Wecker«, meuterte Frau Reiter. »Wenn ich was möchte, dann haben Sie nie Zeit für mich!« Betroffen schaute ich sie an. Hatte ich sie vernachlässigt? »Haben Sie denn einen Wunsch, Frau Reiter?« Sie rückte gleich damit heraus. »Beethovens neunte Sinfonie will ich. Sie haben mir erzählt, daß Sie sie daheim haben. Ich möchte, daß Sie sie mir heute kaufen gehen. Ich will sie auch hören!« Sie hatte das Talent, immer dann einen Wunsch zu äußern, wenn es bei mir brannte. Aber dafür konnte sie schließlich nichts. Darum sagte ich: »Heute werde ich es sicher nicht schaffen, genügt es Ihnen morgen?« – »Na gut«, erwiderte sie barsch. »Aber vergessen Sie es nicht!« – Diese Frau konnte nicht nett sein. Sogar ihre Wünsche brachte sie in einem unhöflichen Ton vor. Ich dachte mir nichts mehr dabei, verabschiedete mich rasch und fuhr nach Hause.

Frau Bauer stand bereits winkend vor ihrer Tür. »Es tut mir leid, daß ich Ihnen Herrn Schiller zumuten muß, aber ich habe keine andere Wahl.« – »Warum, was ist denn mit ihm?« runzelte ich leicht die Stirn. »Es könnte sein, daß er Schwierigkeiten macht.« – »Das werden wir auch noch überleben«, murmelte mein Mann ergeben.

Wir hatten kaum die Wohnung betreten, als Herr Schiller schon schrie: »Mußt du aa in d' Säuferheilstätte?« – »Müssen tu ich nicht«, antwortete mein Mann, »aber wollen tu ich!« Er hatte sofort begriffen, worum es ging. Frau Schiller sah verhärmt aus und traute sich kein Wort zu sagen.

»Moanst, daß des ebbs bringt?« wandte sich Herr Schiller erneut an meinen Mann. »Ich hoffe doch«, erwiderte er. »So kann es nicht weitergehen, man kommt ja aus dem Wirtshaus nicht mehr heraus, und die Familie geht zugrunde.« – »Hot da des dei Oide g'sagt?« spöttelte Herr Schiller. »Gott sei Dank bin ich noch nicht so weit, daß mir das meine Frau sagen muß, soviel weiß ich selber!« Ohne daß Frau Bauer noch etwas sagen mußte, machte sich Herr Schiller fertig.

Nach einer zweistündigen anstrengenden Autofahrt empfing uns die Oberin freundlich; Frau Bauer und ich wurden zum Mittagessen eingeladen. Vorher durften wir das Heim und das Zimmer, in dem mein Mann untergebracht wurde, besichtigen.

Nach dem Essen bat mein Mann: »Bitte fahr nach Hause, damit du dich vor dem Dienst noch ein wenig hinlegen kannst, ich mache mir schreckliche Sorgen um dich!« Er verabschiedete sich schnell von mir. Ich sah, daß er wieder Tränen in den Augen hatte. Ich wollte ihn gleich wieder mitnehmen. Aber nun war er tapfer. »Jetzt habe ich schon in den sauren Apfel gebissen, jetzt werde ich ihn auch aufessen.«

Zwei Tage hörte ich nichts von ihm. Ich dagegen hatte, wie versprochen, jeden Tag einen Brief geschrieben. Am dritten Tag rief er mich an und jammerte: »Was hast du mit mir gemacht, wo hast du mich nur hingebracht? Wir werden hier behandelt wie die schlimmsten Verbrecher. Wenn du mich nicht wegholst, dann haue ich einfach ab!« – »Das darfst du nicht tun!« erschrak ich. »Wir müßten ja dann die Kur selbst bezahlen, und das können wir uns nicht leisten!« – »Ja, ja, so bist du, dir geht es nur ums Geld, was aus mir wird, ist dir egal«, erwiderte er verzweifelt. »Du wirst dich schon eingewöhnen, denk doch auch einmal an die Familie!« Ich wollte noch etwas sagen, aber er hatte schon aufgelegt.

Sofort rief ich zurück und verlangte die Frau Oberin

zu sprechen. Sie beruhigte mich: »Sie haben Ihren Mann sehr verwöhnt. Er läßt sich nicht gerne etwas von einer Frau sagen. Ein wenig werde ich noch abwarten, und wenn es dann gar nicht geht, muß er eben in ein Heim mit einem männlichen Heimleiter. Allerdings befindet sich das Haus etwa hundert Kilometer weiter weg, und es wäre noch schwerer für Sie, ihn zu besuchen.« – »Bitte erklären Sie das meinem Mann, vielleicht kommt er dann zur Vernunft.« – »Regen Sie sich nur nicht auf, mir wird es schon gelingen, irgendein Steckenpferd für ihn zu finden. Vielleicht können Sie mir dabei helfen. Sie wissen sicher, was er für Hobbys hat?« Ich überlegte. »Er malt gern«, fiel mir ein. »Na also, das ist doch schon etwas«, entgegnete sie. »Es wird schon recht werden.«

Ich war entmutigt. Wie stur er sein konnte, wußte ich selbst am besten.

In den nächsten Tagen erhielt ich noch einige bitterböse Briefe von ihm, dann nichts mehr. Er bockte. Das zehrte an meinen Nerven. Ich entschloß mich daher, die Oberin noch einmal anzurufen. Sie beruhigte mich: »Um ihren Mann brauchen Sie sich keine Sorgen zu machen, der ist in der Töpferei und modelliert die schönsten Sachen: Vasen und Krüge; er hat großes Talent und freut sich schon darauf, wenn Sie ihn besuchen kommen und er Ihnen alles zeigen kann!« – »Denkt er denn gar nicht daran, daß ich mir Sorgen mache?« entgegnete ich befremdet. »Ich werde ihm ausrichten, daß Sie angerufen haben«, lenkte sie ein.

14

Den Patienten konnte ich mich nun intensiver widmen, weil ich mich auch nervlich erholt hatte.

Leider waren uns wieder zwei Patienten gestorben. Das gehörte zu unserem Haus wie das tägliche Brot. Dafür hatten wir Pater Johannes bekommen. Alle mochten wir diesen lieben Menschen. Er klagte nie, sondern hatte stets ein gutes Wort für uns. Wenn ihm das Gehen schwerfiel, lachte er sich selbst aus: »Meine Knochen werden immer morscher, da meinst, du verlierst deine Haxen beim Gehen.« Es sah lustig aus, wenn er mit seinen dünnen wackligen Beinen umherstakste. Nachdenklich schaute er oft an sich herunter und meinte: »Da hilft auch euer gutes Essen nichts mehr, die Gehwerkzeuge haben ausgedient.«

Geistig war er auf der Höhe. Er wußte, daß es mit ihm zu Ende ging. Seine Augen waren auch nicht mehr die besten. Da er Franziskaner war, hatten wir ihm ein Bild vom heiligen Franziskus über sein Bett gehängt. Unser Paterchen aber hielt ihn für die Mutter Gottes und sagte einmal enttäuscht: »O mei, d' Maria wird jetzt aber aa scho alt.« So brachte uns der gute Alte immer wieder zum Lachen.

Auf Station zwei war eine Frau Wurzel eingewiesen worden. Sie verstand sich auf Anhieb mit unserer Frau Fischer, die schon einige Jahre bei uns lebte. Frau Fischer war bisher nie aufgefallen, weil ihre Nachbarin eine sehr stille Frau gewesen war. Aber seit deren Tod herrschte in dem Zimmer eitel Sonnenschein. Von früh bis spät wurde gelacht und erzählt. Als den beiden Damen eines Tages der Gesprächsstoff ausging, fing Frau Wurzel an, ihrer Zimmergenossin vorzulesen. Sie hatte in ihr eine aufmerksame Zuhörerin gefunden.

Eines Abends fiel mir auf, daß Frau Fischer laut schrie. Zunächst machte ich mir keine Gedanken, aber als das öfter vorkam, befaßte ich mich näher mit den beiden. Einmal, wieder nach solch einem Schrei, schlich ich mich, von beiden unbemerkt, in das Zimmer. Frau Wurzel hatte ein Buch in der Hand und die Brille nur halb auf. Von Zeit zu Zeit beobachtete sie ihre Nachbarin über die Brillengläser hinweg und hatte dabei ihr Vergnügen. Sie war zu härterer Lektüre übergegangen. Man las jetzt Krimis. Manchmal schlüpfte Frau Fischer vor Angst unter die Bettdecke. Wenn ich aber fragte, ob Frau Wurzel nicht besser aufhören solle, dann wurde sie böse: »Ich muß doch wissen, wer der Mörder ist.«

An diesem Wochenende durfte ich meinen Mann zum erstenmal besuchen. Mittags hatte er schon angerufen und sich erkundigt, wann ich losfahren würde. Er hatte sich die Fahrzeit genau ausgerechnet und erwartete mich schon am Portal.

Wie ein Ertrinkender klammerte er sich an mich und jammerte: »Liebling, hier ist es schrecklich. Ein richtiges Weiberregiment. Du ahnst ja gar nicht, wieviel Freude es den alten Jungfern bereitet, uns nach Herzenslust herumzukommandieren.« Ich lächelte: »Du siehst aber recht gut aus.« – »Na ja, sonst geht es mir auch nicht schlecht, nur du fehlst mir sehr. Wie geht es dir mit dem Dienst? Jeden Abend denke ich an dich und wünsche dir eine ruhige Nacht. Hilft es dir? Schaffst du denn die schwere Arbeit noch?« – »Warum sollte ich denn meine Arbeit nicht schaffen? Ganz im Gegenteil, seit ich weiß, daß du mir keine Dummheiten mehr machen kannst, habe ich stärkere Nerven.« Er zog einen Flunsch, war beleidigt: »Ich fehle dir also gar nicht!« – »Natürlich fehlst du mir, aber du sollst schließlich gesund werden, und darum müssen wir die Zeit der Trennung durchhalten.« Er schaute mich zerknirscht an: »Weißt du, ich habe jetzt viel Zeit zum Nachdenken, und da habe ich dich im stillen bewundert, daß du es so lange mit mir ausgehalten hast.«

Er nahm mich bei der Hand und führte mich in die Töpferei. Dort stellte er mich stolz seinen Kameraden vor. Ich schaute mir die kunstvoll verzierten Vasen, Krüge und Aschenbecher an. Und als sich dann herausstellte, daß die Sachen, die mir am besten gefielen, von meinem Mann stammten, war seine Freude grenzenlos.

Am Nachmittag gingen wir lange spazieren. Mein Mann wollte viel wissen. Er fragte nach Dingen, die ihn früher gar nicht interessiert hatten. Hauptsächlich natürlich nach seinen Kindern. Die Zeit verging sehr schnell. Traurig schaute er dem Auto nach, als ich wieder nach Hause mußte.

Die Kinder kamen mir schon aufgeregt entgegen: »Wie geht es Papa?« stürmten sie alle zugleich auf mich ein. Sie wollten genau wissen, was er machte und ob er auch nach ihnen gefragt hätte. Ich freute mich über ihren Eifer, denn ich hatte schon befürchtet, daß sie ihn vergessen haben oder gar verachten würden.

»Papa geht es sehr gut, er hat sich erholt. Aber wir müssen ihm alle helfen, wenn er heimkommt.« – »Wie sollen wir denn helfen?« fragte Inge. »Das weiß ich auch noch nicht so genau, aber sicher braucht er zunächst einmal unser Vertrauen.« – »An uns soll's nicht liegen«, antwortete Anna trocken. »Wir tun alles für ihn, wenn er bloß nicht wieder gleich mit dem Trinken anfängt!«

Mein freies Wochenende verging viel zu schnell. Die Zeit war für all die liegengebliebene Arbeit zu knapp. Trotzdem war ich zufrieden.

15

Voller Elan fuhr ich am Montag wieder in den Nachtdienst. Schwester Thea hatte Spätdienst und unterhielt sich gerade mit Frau Seifert, als ich ankam. Ich fing einen Blick von ihr auf, der mir alles verriet. Frau Seifert weinte. Es war also soweit. Ich ging in das Zimmer, in dem Herr Seifert lag, in der Annahme, daß es ihm sehr schlecht ginge. Aber er hatte es bereits überstanden. Friedlich und entspannt lag er da. »Jetzt bist du in einer besseren Welt«, flüsterte ich. Schwester Thea kam bald nach. Gemeinsam richteten wir ihm sein letztes Lager.

»Für das Zimmer ist ein ähnlicher Fall vorgesehen«, sagte Schwester Thea. »Das Krankenhaus hat schon öfter nachgefragt, ob wir ein Einzelzimmer frei hätten. Da wurde ich neugierig und habe mich bei der Leitung erkundigt. Es handelt sich um eine Dame, welcher der Krebs die Nase weggefressen hat. Alle anderen Pflegeheime haben sie abgewiesen. Aber bei unserem Chef gibt es das nicht, der nimmt alle auf.« – »Finde ich richtig!« entgegnete ich spontan, »weiß der Teufel, was noch über uns kommt!« – »Das ist wahr, vielleicht landen wir auch einmal hier im Haus!«

Schwester Hanna war noch da und wartete auf mich. »Elfi, ich habe eine große Bitte an Sie.« »Was is'n schon wieder?« – »Ach, im ersten Viererzimmer wird geklaut. Man verdächtigt Frau Blum, und ich kann nicht glauben, daß sie es ist.« – »Und was soll ich da machen?« – »Frau Blum ist die einzige im Zimmer, die noch laufen kann, aber weil sie nicht mehr deutlich zu sprechen vermag, ist es ihr unmöglich, sich zu verteidigen. Wollen Sie mir nicht helfen, Elfi?«

Ich überlegte. In dem Zimmer lagen außer Frau Blum noch Frau Meisner, Frau Baude und Frau Franz. Frau Meisner und Frau Baude waren nach einem Schlaganfall halbseitig gelähmt und nicht gehfähig. Blieb also nur noch Frau Franz. Die konnte nur mit fremder Hilfe laufen. Es war mir bekannt, daß in dem Zimmer Süßigkeiten verschwanden. Frau Meisner und Frau Baude hatten auch öfter einen braunen Mund, aber beide konnten ja nicht laufen.

Die einzige, die sprechen konnte, war Frau Franz. Eine zierliche alte Dame, die ständig zeterte und drohte. Sie hatte die Angewohnheit, aus dem Bett zu spucken. Es war nicht erst einmal vorgekommen, daß jemand vor ihrem Bett ausgerutscht war. Wir mochten sie alle nicht besonders. Sie klagte ewig über Appetitlosigkeit. Wenn man sie nach den verschwundenen Süßigkeiten fragte, dann deutete sie sofort auf Frau Blum. Die aber war uns allen ans Herz gewachsen. Sie hatte langes weißes Haar und schaute stets freundlich. Frau Franz allerdings wurde des öfteren von ihr vermöbelt. Sie schrie dann so laut, daß die Schwestern zusammenliefen.

War Frau Blum die Diebin? Verdächtig war sie nach wie vor, doch sie piepste den ganzen Tag nur herum. Was sie sagen wollte, verstand kein Mensch. An ihren Gesten erkannten wir ihren Wunsch. Daß sie Frau Franz schier haßte, war offensichtlich.

»Wissen Sie was, Schwester Hanna, Sie sollten Beute auslegen!« – »Wie meinen Sie das, Elfi?« – »Sie werden doch ein paar Süßigkeiten da haben!« – »Ach so, ja, hab ich, heute hatten Frau Baude und Frau Meisner Besuch. Da gibt es wieder genug Schokolade und Plätzchenzeug auf Vorrat.« – »Gut, dann legen sie doch etwas auf die Nachtkästchen. Heute werde ich den Schokoladenklau endgültig ausmachen.« – »Ja, das werde ich tun.«

Wie üblich, ging ich zunächst zum Brummerl, um es zu Bett zu bringen. Aber gleich bei meinem Eintritt spürte ich, daß die Stimmung schlecht war. Frau Reiter hörte eine klassische Platte an, und die konnte das Brummerl nicht ausstehen. Aber sie wußte, daß sie da bei mir auf taube Ohren stieß. Denn schließlich konnte sie noch laufen und der Musik ausweichen, während Frau Reiter auf das bißchen Abwechslung angewiesen war. Sie war mir sehr dankbar, daß ich ihr die gewünschte Platte besorgt hatte, die sie nun öfter spielte. Seitdem war sie viel zugänglicher.

Das Brummerl empfing mich gleich mit den Worten: »Heit hot's wieda ihr greisliche Musi ogheart. Do werst ja damisch. Wann s' wenigstens a gscheite Blasmusi hätt, aba des Zeigl, na, na, a solches Glump mog i net ohearn.« Ärgerlich rief ich: »Brummerl, du weißt, was ich dir gesagt habe: Wenn du wirklich so christlich bist, wie du tust, dann mußt du auch den anderen Menschen etwas gönnen. Geh halt hinaus, wenn dir die Musik nicht gefällt.« – »I sog ja eh nix mehr. Wann s' nur net so spaßig schaugn tat, wann s' es oheart, als wenn s' im Himmi war.« – »Du verstehst eben diese Art von Musik nicht!«

»Rheumatisch hob's i aa wieda, des is a anderer Schmatz!« lenkte sie geschickt auf ihre eigenen Wehwehchen ab. Ich nahm eine der vielen Sälbchen aus ihrem Nachtkästchen und rieb Frau Brummer damit ein. Aber sie erfand immer neue Sachen, damit ich mich noch eine Weile mit ihr beschäftigen mußte. »Jetzt gib aber mal Ruhe, du Nudel!« schimpfte ich. Das hatte sie besonders gern, wenn ich ihr mit Humor begegnete. Sie fiel mir um den Hals und lachte. »So, jetzt wird aber geschlafen, gute Nacht!«

Plötzlich sagte Frau Reiter: »Gute Nacht, Schwester Elfi, und nochmals vielen Dank für die Schallplatten und auch dafür, daß ich sie anhören darf.« Ihre Stimme klang ganz weich, wie ich sie noch nie gehört hatte. Ich lächelte ihr freundlich zu und ging hinaus. So sehr freute ich mich über die Wandlung der sonst so ungeduldigen Frau, daß ich im Gang einen Luftsprung machte.

Nach dem üblichen Rundgang ging ich zum Zimmer der vier Damen, die zu schlafen schienen. Durch einen Spalt der geöffneten Tür konnte ich von draußen den ganzen Raum überblicken. Plötzlich setzte sich Frau Blum auf. Sie schaute zu Frau Franz hinüber und stieg dann aus ihrem Bett. Schade, also doch Frau Blum. Barfuß lief sie zu Frau Franz, stellte sich vor ihr Bett und fing mit ihrer piepsigen Stimme zu schimpfen an. Ich verstand kein Wort. Aber sie drohte mit dem Zeigefinger. Dann zog sie ihr die Bettdecke bis zum Kinn herauf, drohte noch einmal ganz dicht vor ihrer Nase und lief schließlich zu ihrem Bett zurück, wo sie auch gleich wieder einschlief.

Darauf aber schien Frau Franz nur gewartet zu haben. Als sie Frau Blum schnarchen hörte, sprang sie hurtig aus ihrem Bett. Zielsicher lief sie zu Frau Baude und räumte deren Nachtkästchen aus. Scheinheiliges Luder, dachte ich. Da haut es einen doch glatt um, wie die laufen kann! Es war nicht ein Tritt von ihr zu hören. Wie ein Puma schlich sie. In aller Ruhe durchwühlte sie auch noch Frau Meisners Nachtkästchen. Zu Frau Blum ging sie nicht, denn da war ja nichts zu holen. Das war auch der Grund, warum die arme Frau immer verdächtigt wurde. Frau Franz schien mit ihrer Beute zufrieden zu sein. Sie lief graziös zu ihrem Bett zurück, breitete eine Serviette aus und fing an zu schmausen.

Jetzt wunderte ich mich nicht mehr, daß sie am Tage nie Appetit hatte und über Magenbeschwerden klagte! Ich war böse. Frau Blum tat mir leid. Nun wurde mir auch klar, warum sie noch einmal zu ihr hingelaufen war. Sie wollte sich nur davon überzeugen, ob sie auch schlief. Es läutete schon längst, aber ich wollte jetzt alles wissen und blieb stehen. Schließlich galt es, einen Menschen von einem häßlichen Verdacht zu befreien. Und dann wollte ich ja meinen Kolleginnen am nächsten Tag Bericht erstatten.

Nachdem Frau Franz sich endlich sattgegessen hatte, lief sie erst zu Frau Baude hin, weckte und fütterte sie. Danach beschmierte sie ihren Mund mit Schokolade. Ebenso machte sie es mit Frau Meisner. Anschließend warf sie die Reste auf Frau Blums Bett, und schließlich säuberte sie ihren eigenen Mund gründlich mit der Serviette. Als sie dann aber auch noch Frau Blum, die selig schlief, mit Schokolade beschmierte, mußte ich an mich halten, um nicht hineinzugehen.

Frau Blum wurde von der Berührung wach. Eilig sprang sie aus ihrem Bett, und ohne recht viel zu quietschen, verabreichte sie Frau Franz eine schallende Ohrfeige. Diese war nicht faul und langte nach Frau Blums Zöpfen. Aber das half ihr nicht viel, denn Frau Blum gab ihr gleich noch eine kräftige Schelle. Laut schreiend lief Frau Franz in die Toilette und sperrte sich ein. Frau Blum lief ihr nach und trommelte mit den Fäusten gegen die Tür. Endlich sperrte Frau Franz auf und lief zu ihrem Bett, Frau Blum hinterher.

Jetzt betrat ich das Zimmer. Als Frau Franz mich sah, ließ sie sich mit einem Wehlaut fallen. Laut jammerte sie: »Schwester, Frau Blum schlägt mich!« Ich kochte vor Zorn: »Stehen Sie auf!« schrie ich sie an. »Aber ich kann doch nicht laufen!« wimmerte sie. »Was können Sie nicht?« Ich stand drohend vor ihr.

Wer immer jetzt das Zimmer betreten hätte, er hätte Frau Blum für die Täterin halten müssen. Ich wurde immer wütender: »Wollen Sie jetzt nicht endlich aufstehen, Frau Franz!?« – »Ja, aber ich kann nicht, das wissen Sie doch«, jammerte sie unsicher. In diesem Moment bedauerte ich es, daß wir nicht wenigstens ein bißchen zuhauen dürfen, denn jetzt zuckte es in meiner Hand. Ich schrie ihr alles ins Gesicht, was ich beobachtet hatte. Zuerst schaute sie mich ängstlich an, dann sprang sie auf und – schon hatte sie mir ins Gesicht gespuckt!

Ich lief hinaus. Mir war übel. Im Schwesternraum säuberte ich mich. Beherrschung, Beherrschung, ermahnte ich mich.

Was ich liebend gern getan hätte, besorgte jetzt Frau Blum für mich. Ich hörte Frau Franz laut schreien. Als ich die Tür öffnete, sah ich die Bescherung. Mit einer gewissen Genugtuung ließ ich Frau Blum noch ein letztes Mal zuschlagen. Danach führte ich sie zu ihrem Bett, ohne mich weiter um Frau Franz zu kümmern.

Wer wollte da sagen, daß Frau Blum sich nicht verständigen konnte. Sie quietschte mir nun die ganze Geschichte noch einmal vor, und an ihren Gesten las ich ab, was sie erzählte. Von dem Tag an konnte ich mich mit ihr unterhalten. Ich verstand sie.

Erstaunt hörten sich die Schwestern am darauffolgenden Tag an, was ich zu berichten hatte. Alle wollten wir an Frau Blum etwas gutmachen. Wir waren auch Frau Franz nicht böse. Im Gegenteil, wir lachten, weil sie uns überlistet hatte. Die Näschereien allerdings wurden sofort eingesperrt. Ihre Spuckerei unterließ Frau Franz jedoch nicht, weshalb sie von uns allen schlichtweg nur noch Lama genannt wurde. Eines Tages rutschte sie vor ihrem eigenen Bett aus und brach sich ein Bein. Es heilte zufriedenstellend, aber sie bekam eine Lungenentzündung dazu, an der sie starb.

Seit ich Nachtdienst versah, verging die Zeit wie im Fluge. Das lag sicher auch daran, daß ich den halben Tag verschlief. Meine Zeit war immer knapp, der kurze Tag reichte nicht aus, um die Arbeit daheim zu bewältigen.

Wir steckten mitten in den Weihnachtsvorbereitungen. Zu Hause und im Heim. Der Umstand, daß mein Mann zu Weihnachten nicht bei uns sein würde, stimmte uns traurig. Darum nahm ich mir vor, den Kindern ein besonders schönes Fest zu gestalten. Denn eines hatte ich mir bei der Einstellung vorbehalten: Am Heiligen Abend wollte ich zu Hause sein, wenigstens solange die Kinder noch klein waren. Dafür zeigte unsere Heimleiterin vollstes Verständnis.

Am Nikolaustag waren die Alten wie die Kinder. Sie glaubten mir, daß der Nikolaus sie mitnehmen würde, wenn sie böse wären. Vor allem wenn sie grundlos läuteten. Nur das freche Brummerl lachte darüber. Abends hatte es leichten Punsch für die Patienten gegeben. Alle schliefen gut, nur unser Träumerchen, Frau Felix, läutete um zwei Uhr in der Nacht. Wir nannten sie Träumerchen, weil sie so lebhaft träumte, daß sie am Morgen nicht mehr wußte, ob es Traum oder

Wirklichkeit war. Meistens träumte sie vom Kochen. Arm war sie dran. Sie hatte die Parkinsonsche Krankheit und war teilweise gelähmt. Seit sechs Jahren lag sie schon bei uns.

»Guten Morgen«, sagte ich zu Frau Gandorfer, der ersten Patientin, die ich morgens zu waschen hatte. Es kam keine Antwort, was aber nicht ungewöhnlich war, denn meistens schliefen die Damen noch, wenn ich hereinkam. Als ich aber an ihr Bett trat, stellte ich fest, daß sie tot war. Ich faßte ihre Hand. Sie war noch warm. Dabei hatte sie sich gar nicht schlecht gefühlt.

Der Arzt stellte plötzliches Herzversagen fest. Ich fuhr sie hinaus und richtete sie her. Wieder einmal machte ich mir Vorwürfe. Es war mir klar, daß ich nicht überall sein konnte, aber wenn jemand so heimlich verschied, dann war das schlimm für mich.

Am Morgen sprach ich mit der Heimleiterin darüber, daß ich zu wenig Zeit für die Patienten hätte und während des Waschens keine Rundgänge mehr machen könne. Schwester Anna tröstete mich: »Das ist nun einmal das Los der Nachtschwestern. Es wird Ihnen immer wieder mal ein Patient unbemerkt wegsterben. Das läßt sich nicht ändern.« Und scherzhaft fügte sie hinzu, um meine Gewissensbisse zu zerstreuen: »Die hat sich heute der Nikolaus mitgenommen.«

Schon zwei Tage nach Frau Gandorfers Tod war das Bett wieder belegt: Fräulein Else Moosner, Bundesbahnsekretärin a. D. Mit Elschen, so wurde sie von der Belegschaft genannt, hatten wir wieder unser Original. Sie hatte einen Schlaganfall erlitten und konnte außer einer Hand und ihrem frechen Mundwerk nichts mehr bewegen. Aber das genügte. Ihr Gesichtsausdruck war spitzbübisch. Dazu hatte sie auch noch ein schielendes Auge.

Schon am ersten Abend fragte sie mich: »Wer bist du denn?« Von Beginn an duzte sie jede Schwester. Manchmal war sie vollkommen klar, und man merkte ihr an, daß sie Bildung hatte. Aber dann gab es Zeiten, da brachte sie alles durcheinander.

Beim Waschen brauchte man mit Elschen besonders viel Geduld. Wenn ich sie Fräulein Bundesbahnsekretärin nannte, ging alles gut, wenigstens meistens. Manchmal aber wandelte sie, ohne ersichtlichen Grund, die Lust an, mit ihrer gesunden Hand zuzuschlagen.

Eines Morgens, als ich nach einem freundlichen »Guten Morgen, Elschen« an ihr Bett trat, knurrte sie giftig zurück: »Elschen, Elschen, was fällt dir eigentlich ein! Für dich bin ich das Fräulein Bundesbahnsekretärin a. D.« Lachend entgegnete ich: »Eben, eben, Elschen, das a. D., das ist es ja.« Elschen wurde rot vor Zorn, sagte aber kein Wort. Sie schielte mich nur giftig an.

Mit der nötigen Langmut fing ich an, sie zu waschen. Weil sie völlig gelähmt war, war das mit großen Schwierigkeiten verbunden. Einmal, mein Arm war gerade nah an ihrem Gesicht, biß sie mir derart kräftig in den Oberarm, daß mir schwarz vor den Augen wurde. »Aber Elschen, spinnst du?« schrie ich vor Schmerz laut auf. »Vielleicht merkst du dir jetzt, daß ich das

Fräulein Bundesbahnsekretärin Else Moosner bin und nicht dein Elschen!« fauchte sie mit Nachdruck.

Mittags nach dem Schlafen schmerzte der Arm immer noch sehr und war dunkelblau. Ich zog es vor, meinen Hausarzt aufzusuchen. Er verschrieb mir eine Salbe, sagte aber schmunzelnd: »Die Patientin hat einen guten Zahnarzt.« – »Hänseln Sie mich auch noch«, ärgerte ich mich, »wir müssen uns sowieso alles von den Patienten gefallen lassen!«

Am Abend empfing sie mich liebenswürdig lächelnd: »Ach, da kommt ja mein Engelchen wieder.« Sie umarmte mich, so gut sie das mit ihrer einen Hand konnte, und meinte: »Du bist meine Allerbeste.« Schwester Hanna stand grinsend hinter mir: »Was macht man da, Elfi?« – »Was weiß ich?« schmollte ich. Aber dann verschlug es mir doch die Sprache, als Elschen plötzlich schrie, wobei sie wieder ihren frechen Gesichtsausdruck annahm: »Eigentlich bist du aber doch 'ne ganz dumme Ziege!« Alle lachten schallend. Ich ebenfalls, was hätte ich sonst auch tun sollen? Man konnte Elschen ohnehin nicht böse sein.

Das Weihnachtsfest rückte näher. Ich hatte Angst vor dem Heiligen Abend, denn noch nie zuvor in unserer Ehe hatten wir das Weihnachtsfest getrennt verbracht. Ich befürchtete, daß mein Mann aus dem Entziehungsheim ausreißen würde. Zu Weihnachten war er immer wie ein Kind. Er hatte seine Mutter mit sechs Jahren verloren und brauchte die Geborgenheit familiärer Atmosphäre.

Mir fehlte er auch an allen Ecken und Enden. Denn schließlich hatten wir die Festvorbereitungen immer gemeinsam erledigt. Es war jedesmal eine schöne Zeit für uns. Wir schämten uns nicht, erst einmal selbst mit den neuen Spielsachen der Kinder zu spielen. Ich wußte, daß meinem Mann das alles diesmal fehlte, denn aus seinen Briefen hörte ich die Wehmut heraus.

Langsam machte ich mich daran, sein Weihnachtspaket vorzubereiten. Von allen Plätzchen und Süßigkeiten, die auf unserem Gabentisch stehen würden, sollte auch er etwas haben. Einen Pullover mit schwierigem Norwegermuster hatte ich gestrickt. Jedes der Kinder schrieb ihm einen Brief. Das würde ihm sicher Freude bereiten. Denn bei einem Besuch hatte er mir erzählt, daß die Kur viele Ehen zerrüttet habe. Stolz hatte er einmal zur Oberin gesagt: »Das kann mir nicht passieren, meine Frau ist treu.« Darauf konnte er sich verlassen. Und das gab ihm den Mut, durchzuhalten.

So wie alles im Leben vorübergeht, ging auch dieser für uns alle schwere Heilige Abend vorüber.

Am zweiten Weihnachtsfeiertag war im Entziehungsheim großer Besuchstag. Mein Mann durfte das Heim schon verlassen und weite Spaziergänge machen. Die Leitung brachte ihm viel Vertrauen entgegen, das er nicht mißbrauchte. Etwa zwanzig Kilometer war er mir entgegengegangen. Er strahlte, als er mich kommen sah. »Heute feiern wir Weihnachten!« freute er sich nach der Begrüßung. »Ich habe mir von meinem Taschengeld soviel zusammengespart, daß wir mal wieder so richtig essen gehen können.« Ich zögerte. Er begriff sofort und beruhigte mich: »Hab keine Angst, ich trinke nicht, die Zeit ist ein für allemal zu Ende!«

Es wurde ein schöner Nachmittag. Wir schmiedeten Zukunftspläne. »Schau, wenn ich nichts mehr trinke, dann können wir uns wieder viel mehr leisten. Und arbeiten werde ich von früh bis spät.«

Gegen Abend fuhren wir ins Heim zurück. Die Oberin erzählte mir, daß er vielen Kameraden eine Stütze sei. Am meisten freute ich mich darüber, daß er wieder zu den Sakramenten ging; denn seit dem Tode unseres Sohnes hatte er nichts mehr vom Herrgott wissen wollen. Doch das Entziehungsheim hatte einen guten Hausgeistlichen, der sich stundenlang mit ihm unterhalten hatte. Ich durfte mit meinem Mann die Heilige Messe besuchen. Seit langem empfingen wir wieder zusammen die Kommunion. Ich heulte wie ein Schloßhund. Niemand nahm mir das übel. Und für mich war es eine große Erleichterung. Es war mir, als wenn ich mit den Tränen die vielen schweren Jahre hinwegspülte.

Auf der Heimfahrt fühlte ich mich so leicht und wohl wie lange nicht mehr. Die Hälfte der Zeit hatte mein Mann hinter sich. In drei Monaten würden wir wieder zusammen sein.

Die Kinder erwarteten mich schon ungeduldig. Sie wollten wissen, wie Papa das Weihnachtsfest verbracht hatte. Geduldig beantwortete ich die vielen Fragen. Wir unterhielten uns bis spät in die Nacht hinein.

16

Im Pflegeheim herrschte große Aufregung. Wir hatten einen Neuzugang. Herr Graf war ein verkalkter, aber noch kräftiger Mann. Trotz seiner Korpulenz konnte er sehr schnell gehen. Die stellvertretende Stationsschwester vom ersten Stock, Schwester Sofie, hatte Spätdienst. Aufgelöst empfing sie mich: »Ich werde noch verrückt mit dem Kerl!« – »Warum denn?« beschwichtigte ich. »Seit heute Nachmittag ist er erst da und hat nur Blödsinn angestellt. Den Heinrich fährt er im Rollstuhl spazieren, was dem natürlich gefällt; er sitzt drin wie ein Pascha.« – »Was ist denn da so schlimm dran?« wollte ich wissen. Sie lachte hysterisch auf: »Im Aufzug sind sie jetzt beide eingesperrt und haben den Alarmknopf gedrückt!« – »Haben Sie den Hausmeister schon verständigt?« – »Nein, aber könnten Sie das vielleicht tun?« Ich rief ihn an und bat ihn, zu kommen.

Danach ging ich in das Zimmer, in dem man Herrn Graf untergebracht hatte. Unser alter Herr Merker saß aufgeregt in seinem Bett und klagte: »Mit diesem Monster bleibe ich nicht in einem Zimmer!« Ich ahnte sofort, wen er mit Monster meinte, und sagte: »Aber

Herr Merker, Sie sind doch nicht allein mit ihm. Der Mann muß sich schließlich erst eingewöhnen. Sicher werden Sie noch Freunde.« – »Nein, nie und nimmer«, schrie er, »der schaut ja aus wie eine Bulldogge!« – »Dafür kann er nichts, Herr Merker. Ich bin enttäuscht von Ihnen. Sie waren mir immer eine Stütze. Es war ein beruhigendes Gefühl, so einen vernünftigen Mann wie Sie im Zimmer zu haben.« Eindringlich hatte ich auf ihn eingeredet, was nicht ohne Wirkung blieb.

»Ist das wahr, Schwester, bin ich so eine große Stütze für Sie?« – »Aber natürlich, ich habe mich immer gefreut, wenn Sie mich bei Vorkommmnissen sofort alarmiert haben.« Entschlossen schaute er mich an: »Ich will Sie nicht enttäuschen, Schwester Elfi, Sie können auch weiterhin mit mir rechnen. Und mit dem Monster werde ich auch noch fertig werden.« – »So ist es recht, Herr Merker«, lobte ich ihn.

Draußen wollte ich sehen, ob die beiden bereits aus ihrer mißlichen Lage befreit waren. Lustig fuhren sie schon wieder im Gang auf und ab. Der Hausmeister sagte: »Es ist mir ein Rätsel, wie sich die da einsperren konnten. Mit dem werden Sie noch Ärger haben.« Ich ließ sie bis zweiundzwanzig Uhr fahren, in der Hoffnung, daß sie bis dahin müde geworden sein würden. Sie ließen sich dann auch willig in ihre Betten bringen.

Gegen ein Uhr, als ich gerade im zweiten Stock war, hörte ich lautes Krachen. So schnell ich konnte, lief ich hinunter. Was ich sah, konnte ich zunächst kaum glauben. Herr Heinrich saß wieder im Rollstuhl, und Herr

Graf fuhr ihn immer und immer wieder gegen die Wand. Dabei krähte Herr Heinrich vor Vergnügen. Beide erschraken, als ich plötzlich vor ihnen stand und laut brüllte: »Bei euch piepst es wohl ein bißchen, was? Aber jetzt nichts wie ins Bett, sonst haue ich euch den Hintern voll!« Sie schienen mir zu glauben, denn wie die Lämmer schlichen sie in ihr Zimmer.

Ich lief zurück in den zweiten Stock, weil Frau Nachtmann, eine fünfundachtzigjährige Patientin, unruhig war. Ich kam zu spät. Es war ihr während meiner Abwesenheit gelungen, über das Gitter zu steigen, sie war dabei gefallen. Laut schreiend lag sie am Boden: »Mir tut nichts weh, mir tut nichts weh!« wiederholte sie immer wieder.

Das kannte ich. Unsere Patienten wollen nicht ins Krankenhaus. Ich befühlte ihre Beine. Am Oberschenkel schien sie Schmerzen zu haben, auch wenn sie es tapfer verbarg. Ich ließ sie gleich von den Sanitätern zum Röntgen fahren. Es stellte sich ein Oberschenkelhalsbruch heraus.

Vorwürfe plagten mich. Hätte ich doch die beiden Mannsbilder herumfahren und sich ihre Schädel anstoßen lassen, dann wäre mir das nicht passiert! Schwester Anna tröstete: »Nehmen Sie sich doch nicht alles so zu Herzen. Manchmal fallen die Patienten vor den Augen der Schwestern hin und brechen sich etwas. Die Knochen der Alten sind nicht mehr so belastbar. Wenn Sie sich immer gleich so aufregen, machen Sie sich nur selber krank, und damit wäre uns am wenigsten geholfen. Zumal ich immer noch keine Schwester aufgetrieben habe, die mit Ihnen im Wechsel von sieben Tagen arbeiten würde.« – »Ich habe mir sagen lassen, in unserem Beruf sei Idealismus das Wichtigste! Irgendwann werden Sie schon eine Ersatzkraft finden, und solange halte ich durch«, erwiderte ich.

Mit Schrecken stellte ich fest, daß ich schon längst zu Hause sein sollte. Ich rannte noch schneller als gewöhnlich zum Auto und übersah eine kleine vereiste Stelle. Es ging alles blitzschnell: Ein stechender Schmerz, dann spürte ich nichts mehr.

Die Ohnmacht dauerte nur kurz. Es war mir sofort klar, daß ich so nicht Auto fahren konnte. Also lief ich zurück zum Heim, wo mir der Hausmeister und der Direktor erste Hilfe leisteten. Ersterer mußte mich mit meinem Auto ins Krankenhaus fahren. Ich hatte richtig vermutet, es war kein Bruch, sondern eine Luxation. Unter Narkose renkte man mir den Arm wieder ein. Ich bekam einen Gips und war für zirka sechs Wochen aus dem Verkehr gezogen. – Mein erster Gedanke galt dem Pflegeheim. Was nun, keine Nachtschwester und kein Ersatz?!

Zu Hause stand bereits eine Mitarbeiterin des Heimes vor der Tür, um den Hausmeister abzuholen und nach mir zu sehen. »Na servus«, rief sie aus, »das kann ja ein Weilchen dauern, bis Sie wieder zu gebrauchen sind!« Ich war unglücklich. Der Frau fiel das auf: »Machen Sie nicht so eine Leidensmiene, wir werden schon eine Lösung finden!« Die hatte leicht reden, ich kannte ja unsere Situation.

Weil es der linke Arm war, konnte ich meinen Haushalt recht und schlecht versorgen. Am bevorstehenden Wochenende wollte ich meinen Mann wieder besuchen. Im Augenblick allerdings tat mir der Arm noch so weh, daß ich mir nicht vorstellen konnte, wie ich das bewerkstelligen sollte, aber es waren noch vier Tage hin, man würde sehen. Frau Schiller wollte auch mitfahren, um ihren Gatten zu besuchen. Sie hatte viel Ärger mit ihm, er wollte sich nicht in die Heimordnung fügen.

Ich holte sie ab, wider Erwarten ging es mit dem Arm recht gut.

Mein Mann war entsetzt, als er mich sah. Als ich ihm aber sagte, daß es kein Bruch sei, beruhigte er sich. »Wie kommst du denn mit deiner Hausarbeit zurecht?« wollte er wissen. »Es geht schon, die Kinder helfen fest mit.«

Diesmal hätte ich ein wenig länger bleiben können, weil ich nicht in den Nachtdienst mußte. Aber draußen war es kälter geworden, es konnte Glatteis geben, darum hielt ich es für angebracht, mich bald wieder auf den Heimweg zu machen.

Nach einem Monat schon – immerhin zwei Wochen früher als angenommen – konnte der Gips abgenommen werden.

Fräulein Reis, die stellvertretende Heimleiterin, kam nach mir schauen. Ich merkte sofort, daß sich hinter ihrem Besuch mehr verbarg als nur die Sorge um mein Befinden. Darum fragte ich gleich: »Gibt's was Neues da unten?« – »Das kann man wohl sagen!« antwortete sie verzweifelt. »Was ist denn geschehen?« wurde ich neugierig. Mit einem Seufzer setzte sie sich in den angebotenen Sessel: »Jetzt ist es soweit. Ich habe niemanden mehr, den ich für den Nachtdienst einsetzen kann. Schwester Elisabeth hat sich gleich nach der ersten Nacht krank gemeldet. Es war wohl zu anstrengend für sie.« – »Regen Sie sich nicht auf, Sie haben doch mich!« Stolz zeigte ich ihr meinen gipsfreien Arm.

In der Aufregung war ihr gar nicht aufgefallen, daß der Gips weg war. »Mit dem können Sie doch noch nicht arbeiten, der sieht ja ganz verkehrt aus!« – »Macht nichts, der wird schon wieder, ich muß nur fleißig zu den Massagen gehen. Wenn mir morgens jemand beim Waschen hilft, dann kann ich schon Nachtdienst machen.« – »Das werde ich tun.« – »Na also«, lachte ich, »dann hätten wir das Problem gelöst. Zu zweit werden wir es schon schaffen.«

17

Am Abend war meine Freude gedämpft. Fünf Patienten fehlten. Vier waren gestorben, und einer befand sich im Krankenhaus. »Na, so was«, entrüstete ich mich, »die können doch nicht einfach sterben!« Schwester Hanna lachte: »Na ja, eigentlich hätten sie Sie schon um Erlaubnis fragen sollen.« – »Ist ja auch wahr«, schmollte ich, »da freut man sich, die Leutchen wiederzusehen, und dann gehen sie einfach für immer nach Hause!« Schwester Hanna schaute mich glücklich an: »Ach Elfi, wir sind alle froh, daß Sie wieder da sind.«

»Ich gehe jetzt erst mal mein Brummerl ausziehen.« – »Elfi!« – »Ja, was ist denn?« – »Elfi, der Sensenmann macht auch vor Ihrem Brummerl nicht halt«, sagte sie vorsichtig. »Wieso, was ist mit dem Brummerl?« – »Auszuziehen brauchen Sie sie nicht mehr.« – »Ja zum Kuckuck, warum denn nicht?« Schwester Hanna legte den Arm um mich und sagte: »Frau Brummer ist schon seit acht Tagen bettlägerig.« – »Was hat sie denn, warum liegt sie?« Meine Stimme zitterte. »Kann man nicht sagen, was ihr fehlt. Sie hat sich einfach ins Bett gelegt und ist von Tag zu Tag schwächer geworden. Der Arzt hat gesagt, sie hat nur noch wenige Tage...«

Ich hörte schon gar nicht mehr hin. Auf dem Weg zu ihrem Zimmer dachte ich: Die werde ich schon wieder hinkriegen. Mein freches Brummerl ist doch nicht so empfindlich. Aber als ich die Tür öffnete... Ihr sonst so trotziger Gesichtsausdruck war verschwunden. Matt und ergeben lag sie da. Als sie mich sah, sagte sie: »Weilst nur wieda do bist, i hob so g'wart auf di!« Ihre Augen hatten einen eigenartigen Glanz, als sie fragte: »Warum bist denn so lang aus'blieben, mogst mi denn gar nimma?« Ich schluckte: »Ich bin doch da, Brummerl, ich war krank, aber jetzt bleib ich bei dir!«

Frau Reiter schluchzte. Gibt es das, wunderte ich mich, die kann weinen?! Mit leiser Stimme sagte sie: »Ich habe Sie auch vermißt, Schwester Elfi!« Ich fühlte, wie mir die Tränen in die Augen schossen. – Frau Reiter sprach weiter: »Ich freue mich, daß das Brummerl Sie noch einmal sehen durfte. Dauernd hat sie nach Ihnen gefragt. Ich glaube, daß ihre Zeit gekommen ist.«

Ich konnte und wollte mich nicht mehr beherrschen und weinte bitterlich. Es tat mir unendlich weh, mein Brummerl so schwach daliegen zu sehen. Ich hoffte immer noch, sie wieder auf die Beine zu bekommen und tat in der Nacht alles, was ich tun konnte. Ich stützte ihren Kreislauf mit allen Mitteln. Am Morgen sah ich, daß es aussichtslos war. Ich hatte das Gefühl, eine liebe Verwandte zu verlieren.

Fräulein Reis kam, wie ausgemacht, um mir zu helfen. Gemeinsam zogen wir dem Brummerl ihr schönstes Nachthemd an. Ich war sicher, daß sie am Abend nicht mehr da sein würde.

Als wir das Zimmer verließen, meinte Fräulein Reis: »Sie tun gerade so, als wenn Frau Brummer schon im Sterben läge.« Traurig sagte ich: »Glauben Sie mir, mit der Zeit bekommt man einen Blick dafür, wenn das letzte Stündlein geschlagen hat.« – »Das scheint Ihnen sehr nahe zu gehen, wie?« – »Ja, sehr, ich hatte sie lieb!«

Bevor ich nach Hause fuhr, ging ich schnell noch einmal zum Brummerl, gab ihr Weihwasser und verabschiedete mich von ihr. »Pfüat di!« sagte sie leise. Ihr Blick war innig und abschiednehmend zugleich. Und wieder wurde mir bewußt: Soviel Gefühl, wie dieses schlichte Bauernweiberl hat, gibt es nur selten, vor allem bei Kranken.

Ich behielt recht. Am Abend war mein Brummerl tot.

Frau Reiter war aufgelöst vor Schmerz. Sie fiel mir weinend um den Hals und flüsterte: »Nun ist unser freches Brummerl schon im Himmel, und ich habe sie so oft geärgert. Das tut mir jetzt arg leid.« Wir weinten miteinander.

In der darauffolgenden Zeit war Frau Reiter wie umgewandelt. Sie bedankte sich für jede Kleinigkeit. Aber auch ihr Zustand hatte sich verschlechtert. Sie hatte einen neuen Schub gehabt, der sich auf die Atemwege legte. Das Atmen fiel ihr immer schwerer. Vierzehn Tage nach dem Brummerl starb auch sie. Lange habe ich an ihrem Sterbebett gebetet und den Herrgott um Gnade für dieses arme Geschöpf gebeten.

In der darauffolgenden Zeit fehlten mir die beiden sehr. Ich war froh, daß wir unser freches Elschen hatten. Sie lenkte mich ein wenig ab.

Brummerls und Frau Reiters Bett blieben nicht lange leer.

Am darauffolgenden Wochenende war es endlich soweit. Mein Mann hatte sein halbes Jahr Entziehungskur hinter sich! Neben der üblichen Hausarbeit mußte gebacken und gestöbert werden. Meine Mädchen halfen mir, so gut es ging. Schließlich sollte Vater gebührend empfangen werden. An Urlaub war nicht zu denken, denn wir hatten immer noch keine zweite Nachtwache.

Freitag morgen nach dem Nachtdienst fuhr ich los, um ihn abzuholen. Wenigstens hatte ich mein freies Wochenende vor mir. Eine Überraschung steckte noch in der Tasche – sein Führerschein! Die Sperrzeit war abgelaufen, und die Behörden waren mir sehr zuvorkommend begegnet.

Im Heim stand er schon mit Sack und Pack vor der Tür. »Komm, wir können gleich losfahren. Ich habe mich bereits von allen verabschiedet.« Das aber war mir nicht recht. Ich hatte der Oberin und den Schwestern noch eine kleine Anerkennung mitgebracht und wollte mich für die Geduld, die sie mit meinem Mann gehabt hatten, bedanken. Frau Oberin holte mich ins Büro und meinte: »Ich habe keine Bedenken, daß Ihr Gatte rückfällig wird. Ich wünsche Ihnen und der Familie alles Gute!«

Zu Hause schloß er seine Kinder weinend in die Arme.

Er machte alle seine Versprechungen wahr, arbeitete von früh bis spät und hatte Erfolg in seinem Beruf. Später wurde er dann noch ehrenamtlicher Mitarbeiter in der Suchtfürsorge. Seitdem helfen wir gemeinsam gestrauchelten Menschen wieder auf die Beine.

Meinem Nachtdienst bin ich bis heute treu geblieben.